Irene Hahn

DU BIST – UND DAS GENÜGT!

Irene Hahn

Du bist – und das genügt!

Wie Gottes Wertschätzung
unser Leben verändert

francke

Über die Autorin:
Irene Hahn lebt mit ihrem Mann in Gunzenhausen im Umfeld des Diakonissen-Mutterhauses Hensoltshöhe. Aufenthalte in Indien und Brasilien prägten die Erfahrungen der 4-fachen Mutter und Theologin. Sie hält Vorträge bei Frühstückstreffen, in Gemeinden und Verbänden.

Bibliografische Information Der Deutschen Bibliothek
Die Deutsche Bibliothek verzeichnet diese Publikation
in der Deutschen Nationalbibliografie;
detaillierte bibliografische Daten sind im Internet über
http://dnb.ddb.de abrufbar.

ISBN 978-3-86827-163-8

35037 Marburg an der Lahn
Innenteilornament: Christine Krahl © www.fotolia.de
Covergestaltung: www.designbuero-oetjen.de
Satz: Verlag der Francke-Buchhandlung GmbH
Druck: Koninklijke Wöhrmann, Niederlande

www.francke-buch.de

Inhaltsverzeichnis

Vorwort

Während einer einwöchigen Urlaubsfahrt auf der Seine in Richtung Paris hielt ich für die Mitreisenden einmal einen Vortrag über die Sehnsucht des Menschen nach Wertschätzung. Ich hatte ihn schon öfter vor Frauen gehalten. Aber nun kam hinterher einer der männlichen Zuhörer auf mich zu und sagte: „Das ist so ein wichtiges Thema! Wir leben doch alle davon, dass wir wertgeschätzt werden. Wissen Sie, ich leide darunter, dass meine Frau so viel an mir herumkritisiert." Ich war überrascht über das offene Wort dieses Mannes. In der Tat, vielen Menschen liegt Kritik am andern viel eher auf der Zunge als ein Wort des Lobes und der Anerkennung. Kritik kommt einem fast automatisch über die Lippen, Wertschätzung müssen wir erlernen. Wer aber selbst erlebt hat, wie ein Wort der Bestätigung und des Wohlwollens ihn aufbaut, der dürfte offen sein für solch ein Lernprogramm. Und erst recht ist derjenige offen dafür, der miterlebt, wie sein wertschätzendes und freundliches Wort das Herz des anderen Menschen erwärmt hat. Ein Sprichwort sagt: „Der kürzeste Weg zum andern ist ein Lächeln." Ja, damit kann Wertschätzung ganz einfach beginnen. Wo Wertschätzung insgesamt ihren Ursprung hat und welche Ausdrucksformen es für sie gibt, das soll in diesem kleinen Buch bedacht werden. Ich widme es den Menschen, die mich auf ganz unterschiedliche Weise erleben ließen, *dass* sie mich schätzen und *was* sie an mir schätzen. Ich danke Gott für sie. Sie haben mir Mut gemacht, mich selbst anzunehmen und wertzuschätzen. Und sie haben mich ermutigt, auf eine spannende Entdeckungsreise zu meinen Mitmenschen zu gehen. Was ich auf dieser Reise erleben durfte und darf, sprengt bei Weitem den Rahmen dieser Seiten. Möge der kleine Band aber mindestens dazu beitragen, dass viele Leserinnen und Leser ermuntert werden, sich selbst zu mögen und anderen gegenüber Wertschätzung auszudrücken: denen, die zu ihrer Familie gehören, Freunden, Nachbarn und Kollegen, aber auch denen gegenüber, die ihnen nur flüchtig begegnen. So können wir der Kälte trotzen, die uns immer wieder frösteln lässt.

Irene Hahn

Einleitung

Die unten beschriebenen drei Erlebnisse geben stellvertretend wieder, wonach Menschen sich sehnen und was sie glücklich macht: geschätzt werden, anerkannt sein, sich wertvoll fühlen.

Normalerweise möchten Menschen von anderen positiv gesehen werden. Sie wünschen sich, im Herzen anderer Menschen – und sogar im eigenen Herzen – einen gültigen Platz zu haben.

Im Wort Wertschätzung klingen verschiedene Aspekte an:

- Ich werde anerkannt.
- Ich werde geliebt.
- Ich werde beachtet.
- Ich werde wahrgenommen.
- Ich werde angesehen.
- Mir wird Wohlwollen entgegengebracht.
- Ich bin angenommen.
- Ich bin gültig.
- Ich darf sein, wie ich bin.

Wenn mir Wertschätzung entgegengebracht wird, dann kann das sein

- wie ein Sonnenaufgang, der aufstrahlt,
- wie ein erleichtertes Aufatmen nach einer Durststrecke,
- wie eine warme Dusche bei frostigen Temperaturen,

- wie ein Blumenstrauß, der mir überreicht wird,
- wie ein Vitaminstoß, der aufbaut,
- wie ein plötzlich ertönendes Lieblingslied,
- wie ein schützender Mantel,
- wie eine freundliche Hand auf der Schulter.

Nur ein kleiner Satz!

Ich rief meine Freundin Gudrun an. Wir hatten uns bereits am Vormittag zu viert bei ihr zum Frühstück getroffen. Beim Verabschieden sagte ich: „Und nochmals Danke für das Frühstück in deiner gemütlichen Küche!" Ich hatte mir bei diesem Schlusssatz gar nicht viel gedacht. Doch Gudruns Reaktion darauf war für mich bemerkenswert. „Was, wirklich? Findest du, dass es bei mir gemütlich ist? Gemütlich, bei mir? Das tut mir richtig gut, dass du so etwas sagst."

Ich hatte nur eine kleine Bemerkung gemacht. Doch sie hat dieser Freundin viel bedeutet. Vor allem die *„gemütliche Küche"*. Diese Beschreibung hat für sie charakterisiert: Da hat sich jemand bei mir wohlgefühlt. Sie hatte den Eindruck, wertvoll zu sein. Für einen Moment war sie überzeugt: Mein Leben ist zu etwas gut, es macht Sinn. Ein einziger Satz mit solch aufbauender Wirkung!

Nun ist Gudrun ein eher depressiver Typ. Nach eigener Schilderung hat sie wenig ermutigende Worte in ihren Kinder- und Jugendjahren gehört. Umso aufmerksamer hat sie auf diesen Anflug von Wertschätzung reagiert.

Loben statt Nörgeln

Maria, Rosi und Inga kamen bei einem gemeinsamen Kaffee auf den neuen Supermarkt zu sprechen. Sie fanden es alle gut, dass ein junger Angestellter regelmäßig das Obst und Gemüse sortierte und auf appetitliches Aussehen achtete. Am nächsten Tag sprach Inga ihn an: „Meine Freundinnen und ich finden es schön, dass Sie immer danach schauen, dass alles frisch und einladend aussieht. Dankeschön!" Er war sichtlich überrascht und sagte: „Das ist aber mal nett, dass Sie sich nicht nur beschweren. Jetzt läuft mein Tag gut! Andere nörgeln täglich herum und sagen nur das, was sie stört."

Das überraschte Gesicht des Gemüsemanns macht deutlich: Unausgesprochen wünschen sich viele, ab und zu bestätigt und anerkannt zu werden. Lob und Anerkennung machen den Tag erfreulicher und die Arbeit befriedigt viel mehr. Es scheint aber selten zu passieren. Stattdessen liegen Nörgeln, Kritisieren und Übersehen viel näher.

Eine unvergessliche Wertschätzung

Ines stammte aus einer großen Familie mit sieben Geschwistern. Sie gehörte zu den Jüngeren. Sie erlebte eine fröhliche Kindheit. Dann kam sie in die Pubertät. Die erste Periode war ein Schrecken für sie. Sie fühlte sich nicht sehr wohl in ihrem Körper. Sie hätte gerne über ihre Gefühle und Fragen gesprochen. Doch in dieser Phase gab es immer wieder Probleme und heftige Diskussionen mit den älteren Geschwistern. In dieser belastenden Familienatmosphäre behielt sie ihr Inneres lieber für sich. Sie war unsicher bezüglich ihres Selbst, gefühlsmäßig oft hin und her gerissen. Später studierte sie und traf auf einen lieben Freund, der sich in sie verliebte. Bevor sie heirateten, hatte die sehr fürsorgliche Schwiegermutter einen Wunsch an sie. Sie sollte bei einer tüchtigen Verwandten, einer mehrfachen Mutter, einige Wochen das Einmaleins des Haushalts erlernen. Ines war befremdet. Sie fühlte sich verletzt von dieser offensichtlichen Besorgnis, sie könnte den lieben Sohn nicht ordentlich „versorgen". Doch sie willigte ein.

Sie kam bei der Verwandten an. Die Haustür öffnete sich, Gisela breitete die Arme aus und schloss Ines in die Arme. Sie setzten sich an den Küchentisch zu einer Tasse Kaffee und Gisela sagte: „Ines, wir vergessen jetzt sofort, warum du hier bist. Mir ist das selbst ein wenig peinlich, doch ich wollte deiner zukünftigen Schwiegermama den Wunsch nicht abschlagen. Du und ich und meine Familie, wir machen uns ein paar richtig schöne Wochen miteinander. Okay?" Dieser herzliche Empfang und die entlastenden Worte wirkten wie Balsam auf Ines' Seele. Gisela verstand es auch in den folgenden Tagen immer wieder, Ines das Gefühl zu geben: Ich mag dich. Du bist wertvoll für mich. Gisela brachte mit warmen Worten ihren Dank zum Ausdruck, wenn Ines in der Küche oder einem der Kinder bei den Hausaufgaben geholfen hatte. Sie räumte ihr aber bewusst auch immer wieder Zeit zum Lesen oder Ausruhen ein, ging mehrfach mit ihr spazieren – trotz des straffen Tagesprogramms. Sie erkundigte sich nach ihren beruflichen Plänen und nach der bevorstehenden Hochzeit. Ines lernte wie geplant tatsächlich einiges über Haushaltsführung und Familienleben. Aber vorherrschend war die Erfahrung: Hier werde ich wertgeschätzt, so wie ich bin.

Diese wenigen Wochen hatten eine lebenslange „Reichweite". Immer wieder erinnerte sich Ines an dieses gefühlte Erleben von persönlichem Wert.

Wäre es nicht schön, man könnte etwas über das Geheimnis der Wertschätzung lernen und sie auch *er*lernen? Das täte einem selbst gut und den Menschen im persönlichen Umfeld auch. Es liegt eine tiefe Wahrheit in dem Satz, der in viele Poesiealben geschrieben wurde: *„Willst du glücklich sein im Leben, trage bei zu andrer Glück, denn die Freude, die wir geben, kehrt ins eigne Herz zurück."*

Ich habe mich auf die Suche gemacht. Ich wollte durch Befragen und Beobachten herausfinden:

- Warum ist Wertschätzung so wichtig?
- Wie bemühen sich Menschen darum?
- Was für Enttäuschungen werden hier erlebt?
- Was sind die Hauptkennzeichen echter Wertschätzung?
- Wie kann man sie konkret verwirklichen?
- Wo hat sie ihren eigentlichen Ursprung?

Wertschätzung – wichtig von Anfang an!

„Ich bin – und das genügt!“

In einer Gesprächsrunde über das, was Kinder stark macht, sagte der sehr erfahrene Schulrektor und Vater von fünf erwachsenen Kindern folgenden Satz: *„Ein Kind muss immer wieder erleben: Ich bin – und das genügt!“*

Dieser kurze Satz drückt aus, was Wertschätzung im Tiefsten vermittelt: Du wirst im Moment der Wertschätzung grundsätzlich, umfassend, ohne Wenn und Aber als Mensch angenommen und geschätzt. Ohne Vorbedingung. Ohne Vor-Leistung. Ohne Einschränkung.

Das ist in unserer von wirtschaftlichem Erfolg, von Leistung, von Arbeit und Rankinglisten geprägten Welt zunächst ein unglaublicher Gedanke. Du bist – und das genügt! *„Das geht doch nicht! Wo kämen wir da hin? Das führt doch nur zu seelischer Verwöhnung!“* Bedingungslos geliebt oder geschätzt zu sein, das gestehen wir allenfalls noch neu geborenen, hilflosen Babys zu. Sie dürfen wenigstens die ersten Monate einfach nur leben, werden gepflegt, umsorgt, genährt. Doch dann kommen die ersten elterlichen „Forderungen“: *„Sei brav! Wenn du brav bist, habe ich dich lieb. Wenn du gute Noten schreibst, habe ich dich lieb. Wenn du dein Zimmer aufräumst, bin ich zufrieden mit dir.“* Und unter Erwachsenen ertönen neue Variationen von Zuwendung, geknüpft an Bedingungen: *„Wenn du mit mir eine tolle Reise machst, dann liebe ich dich von Herzen, dann bist du für mich wertvoll.“ „Wenn du* *mich lieben würdest, dann würdest du mich öfter anrufen.*"

Man hört von strengen Eltern immer wieder folgende Meinung: Zu viel Anerkennung und Wertschätzung mache Kinder geradezu süchtig nach ständigem Lob. Das mag stimmen, wenn man unter Wertschätzung ein *übertriebenes* Kommentieren einer eigentlich selbstverständlichen Leistung versteht. *„Mäuschen, diesen Turm aus LEGO hast du supertoll gebaut!" „Ottolein, ich bin ja so stolz auf dich, dass deine Windel trocken geblieben ist." „Lena, so ein Zeugnis ohne jede Drei ist einfach ein Volltreffer!"* Hier wird ja eben nicht das Kind als Person gewürdigt, sondern sein Erfolg im Sinne von *„Du tust das – und das genügt mir!"*

Das Gegenteil davon ist gemeint. Wer von Anfang an erlebt und fühlt *„Ich bin – und das genügt!"*, der wird innerlich unabhängig. Er kann die Welt unbekümmert erobern und dann auch selbstverständlich etwas leisten. Ohne Frage wünscht und braucht jeder Mensch es immer wieder, dass man ihm gegenüber ausdrückt: *„Ich mag dich, wie du bist, ohne Bedingung."* Ja, es ist wahrscheinlich das, wofür Menschen „meilenweit" gehen würden. Je früher und verlässlicher ein Mensch diese „Grundsatzbejahung" erfährt, desto weniger muss er sich später verzweifelt danach sehnen.

Folgende Worte in einem Zeitungsartikel mit dem Titel *„Wenn Gefühle absterben"* illustrieren, was passieren kann, wenn Kinder nicht „gesättigt" werden: *„Die Unkenntnis, vor allem junger Eltern bei der Erziehung ihrer Kinder, ist eine tickende Zeitbombe. … Ein Name vor allem bewegte bundesweit die Gemüter: Kevin. Der dreijährige Junge aus Bremen wurde im Oktober von seinem drogensüchtigen Vater umgebracht und in einen*

Kühlschrank gesteckt. … Was aber ist schiefgegangen? … Die Bindungen zwischen immer mehr Eltern und ihren Kindern lösen sich auf. Die Folgen: Eine ‚emotionale Vertrocknung' der Kleinen, die dann ‚eingehen wie Primeln'.“[1]

Wahrscheinlich war Kevins Vater selbst bereits „vertrocknet“ wie eine „eingegangene Primel“, deformiert durch Liebesmangel und Drogen. Das soll seine zerstörerische Tat keinesfalls entschuldigen. Doch sie offenbart den Teufelskreis: Wer nicht wertgeschätzt wird, der verachtet sich selbst.

1 Zitat im Internet nicht mehr greifbar.

Grundsätzlich bejaht

Wertschätzung im Sinne dieses „*Ich bin – und das genügt!*" sollte ein Kind vom ersten Lebenstag an erfahren. Schon beim täglichen Aufwachen. Das Baby öffnet die Augen. Vielleicht fängt es nach einer Weile zu weinen an, denn es hat Hunger. Oder es fühlt sich verlassen. Jemand kommt: Mutter, Vater, ein Geschwisterkind, die Oma, zumindest ein vertrauter Mensch. Er lächelt, nimmt es aus dem Bett, spricht zärtlich mit ihm, lässt es die Freude über sein Lebendig-Sein und Dasein spüren. So wird die „Primel" der Selbstbejahung und des späteren Selbst-Wert-Gefühls „gepflanzt". Jeder neue Tag, an dem eben dieses selbstverständliche JA zum Ausdruck gebracht wird, bedeutet ein „Gießen" der Primel, ein Bewahren vor dem Austrocknen.

Grundsätzlich bejaht zu werden, schafft für den kleinen und größer werdenden Menschen die Voraussetzung, für die zukünftigen „Zumutungen" des Lebens gewappnet zu sein. Denn es werden Grenzen gesetzt werden. Es werden Leistungen gefordert werden. Es wird Enttäuschungen geben. Der Mensch muss und darf sich anstrengen. Er muss mit anderen Menschen zurechtkommen. Er wird Kompromisse schließen lernen müssen. Er wird Mut brauchen, seine eigene Meinung zu äußern. Aber auch Respekt vor demjenigen, der anderer Meinung ist. Mittendrin wird man auch Stärke spüren, Enttäuschungen zuversichtlich überwinden, immer wieder neu anfangen und innerlich befriedigt werden. *Wenn*, ja wenn man verlässlich und kontinuierlich erlebt und gefühlt hat: Es gibt jemanden, der sich über mich freut. Es gibt jemanden, der mich ermutigt.

Zwischen Überfürsorge und Vernachlässigung

Wertschätzung – insbesondere bei Kindern – bewegt sich zwischen zwei Gefahren. Es gibt ein Zuviel an Fürsorge und Wahrnehmen. Es gibt aber auch ein Zuwenig, wie das Beispiel von Kevin beweist. *Überfürsorgliche* Mütter oder Väter lassen den gesunden Forscherdrang ihres Kindes aus ihrer eigenen Ängstlichkeit heraus nicht zu. *Vernachlässigende* Eltern geben ihnen zu wenig Bindungs- und Schutzmöglichkeit.

Meine frühere Nachbarin war einige Jahre Tagesmutter. Sie berichtete mir von ihren zwei Tageskindern. Sie waren sehr unterschiedlich. Das eine Mädchen war unruhig, fahrig und quengelig. War die Mutter eine Weile da, wenn sie es abholte, dann wollte das Kind ihr immer alles recht machen. Nahm es ein Spielzeug, schaute es sie fragend an. Es wartete darauf, dass die Mutter mit dem Kopf nickte und ihm so Sicherheit vermittelte. Es äußerte keine eigenen Wünsche, denn es war gewöhnt, dass die Mutter immer zur Stelle war, um zu sagen, was richtig und erlaubt war. Die Mutter griff auch sehr schnell ein, wenn Gefahr im Verzug war, das Kind zum Beispiel ein Glas in der Hand hatte. Sie beantwortete gestellte Fragen oft anstelle des Kindes.

Das andere Mädchen wirkte ganz anders: Es war neugierig und aufgeweckt. Es wirkte ausgeglichen und konnte sich gut beschäftigen. Es sang neben dem Spielen, probierte unbekannte Dinge aus, zeigte der Mutter begeistert sei-

ne Entdeckungen. Diese lächelte und ermutigte sie. Auch diesem Kind war der Augenkontakt mit der Mutter wichtig, jedoch nur, um sich zu vergewissern und um sich mitzuteilen. Dieses Kind, so erzählte die Tagesmutter, konnte auch gut warten und Rücksicht nehmen, etwa einige Minuten still sein, bis sie ein Telefongespräch beendet hatte.

Man kann an diesem Beispiel sehen, wie *Überfürsorge* das Vertrauen in die eigenen Fähigkeiten hemmt. Sie verunsichert, statt zu stärken. Eine gesunde Balance des Kindes zwischen Bindungssuche und Forscherdrang fördert ein ausgewogenes Wesen und auch die Fähigkeit zur Wertschätzung. Und zwar sowohl das Wertschätzen von sich selbst als auch das Wertschätzen anderer Kinder.

Man könnte sagen:

- Wer selbst „gestillt" ist, kann auch andere „stillen".
- Wer selbst „satt" ist, kann auch andere „sättigen".
- Wer selbst geliebt wird, kann auch andere lieben.

Oder umgekehrt: Wer als Kind und Jugendlicher nicht ein Mindestmaß an Liebe und Ermutigung erlebt hat, wird sein Leben lang „hungrig" bleiben und sich nach Sättigung sehnen. Er kann sich anderen wenig zuwenden, erwartet aber, dass der andere mit seiner Zeit ganz für ihn da ist. Dies zieht sich oft wie ein roter Faden durch das ganze Leben bis ins hohe Alter.

Mit Konrad zu leben, war für seine Familie immer wieder schwierig. Er war ein liebenswürdiger Mann. Viele fanden ihn äußerst sympathisch. Doch zu Hause erwartete er stets, dass er an erster Stelle stand. Beim Essen bekam er selbstverständlich das größte Fleischstück. Sein Mittagsschlaf war für alle heilig. Die Kinder durften nur flüsternd durchs Haus schleichen. Wenn seine erwachsenen Töchter ihn kritisierten, war er schnell beleidigt. Seine Frau sollte immer auf seiner Seite stehen. Traf sie eine Entscheidung, die nicht in seinem Sinn war, schwieg er tagelang und schmollte.

Seine Eltern hatten sich getrennt, als er noch ein kleiner Junge war. Seine Jugendzeit mit der verlassenen Mutter und zwei Schwestern war düster und belastet gewesen. So kann man sich unschwer vorstellen, dass er sich nach Wärme und Geborgenheit sehnte. Und vor allem erhoffte er sie sich von seinen nächsten Angehörigen.

Solch ein übermäßiger, ungestillter Hunger eines Menschen nach Anerkennung und Wertschätzung überfordert langfristig die, die mit ihm leben. Kein Mensch kann einen anderen Menschen *vollständig* lieben, satt machen, wertschätzen. Selbst die Verliebtesten unter ihnen werden sehr bald merken, dass alle Liebesschwüre nach kurzer Zeit nicht erfüllt werden können. Immer wieder wird man den Ehepartner, sein Kind und andere Menschen enttäuschen. Und ebenso wird man selbst enttäuscht werden. In welchem Verhältnis stehen denn dann Enttäuschungen und Wertschätzung? Wie sehr darf ich mir wünschen, geschätzt zu werden, ohne zu hohe Erwartungen an meine Mitmenschen zu haben?

Wertschätzung – vom Ursprung her

Es ist wichtig, herauszufinden, was es mit dem tiefen Wunsch nach „Sättigung“, nach Geltung und Wertschätzung auf sich hat. Immerhin wird selbst in zahllosen Managementbüchern und Ratgebern das Hohelied des Lobes von Mitarbeitern gesungen. Dort mit dem Betriebsziel, ihre Arbeitsleistung zu steigern. Hier geht es allerdings um etwas anderes. Es geht da-rum, diesem tagtäglich neu erwachenden Wunsch nach Daseinsberechtigung, diesem tief liegenden *Geltungs-Bedürfnis* auf die Spur zu kommen. Gerade der *übertriebene* Hunger nach Geltung, das, was wir abwertend als unerlaubtes Geltungsbedürfnis bezeichnen, weist uns auf den dahinter stehenden *Ur-Hunger* des Menschen hin. *Ur-Hunger* hat mit *Ursprung* zu tun. Wo habe ich als Mensch meinen Ursprung? Darüber haben sich viele Philosophen und Autoren zu jeder Zeit ihre Gedanken gemacht. Für mich persönlich gibt es keine überzeugendere Erklärung für diesen unauslöschlichen Wunsch nach Wert und Geltung als den Glauben an Gott, den Schöpfer. Nirgendwo anders als in der Bibel wird in solch klarer und wahrer Form vom Menschen und seinem Ursprung geschrieben, von seiner Heimat in Gott, vom Verlust dieser Heimat, Paradies genannt. Schonungslos wird das Böse im Menschen aufgedeckt und die zerstörerischen Folgen für den Einzelnen und die Menschheit beschrieben. Aber das Bemerkenswerte und jede menschliche Logik Sprengende im Buch der Bücher ist dieses: Der unerklärliche Gott bleibt dem

Menschen nahe, ja, er sorgt selbst für eine umfassende und ewige Erlösung – durch Jesus Christus. In ihm schätzt er uns, seine Menschen, unendlich – nämlich ewig! – wert. Im letzten Kapitel dieses Buches (ab Seite 97) wird dies noch entfaltet werden.

Eigene Bemühungen um Wertschätzung

Im Grunde sind wir ja täglich angetrieben von dem Wunsch, Anerkennung bei Menschen zu finden. Wir nehmen viel in Kauf, um andere zu beeindrucken. Manche setzen besonders viel Zeit und Geld ein, um sich ins Gedächtnis anderer einzugraben. Sie bemühen sich, wenigstens hier und da aus der Masse hervorzustechen. Man will kein Mensch wie jeder andere sein, sondern ein besonderer.

Beeindruckt und bewundert

Wir machten Urlaub in einem Dorf am Bodensee. An einem Nachmittag gingen wir in der Ortsmitte spazieren. Wir bemerkten einen kleinen Menschenauflauf. Der hatte sich um einen Oldtimer gebildet, ein schickes, beigefarbenes, blank gewienertes, altes Auto. Das Verdeck war offen. Zwei Männer saßen drin, stilgerecht mit Oldtimer-Lederkappen ausgestattet. Die Passanten – besonders die männlichen – staunten mit großen Augen. Die beiden ernteten bewundernde Blicke. Manche befragten sie nach Baujahr und technischen Details. Sie gaben bereitwillig Auskunft. Es war unübersehbar, wie sie sich im Spiegel der bewundernden Blicke sonnten. Sie platzten förmlich vor Stolz.

Für manch einen Oldtimer-Besitzer könnten es genau solche Momente der Bewunderung durch Zuschauer sein, die sein Hobby so reizvoll machen.

Superstars gesucht

„Deutschland sucht den Superstar". Viele wissen, was das Kürzel DSDS heute bedeutet. Jedes Jahr werden neue, Pop singende Siegertypen gesucht, sei es bei DSDS, *„Star Search"* oder anderen Kopien dieses Formats. Hunderttausende junger Leute bewerben sich bei den Casting Agenturen. Einige Hundert dürfen vorsingen, ihre „Performance" abliefern. Viele von ihnen singen indiskutabel. Vor der knallharten Jury blitzen die meisten ab, nur die Besten kommen weiter. Tränenreiche Dramen spielen sich ab, Nervenzusammenbrüche sind an der Tagesordnung. Unzählige Träume vom Starplatz am Musikhimmel zerplatzen. Manch einer hat monatelang an der Enttäuschung zu knabbern.

Auf die Frage von FOCUS „Warum wollen so viele junge Leute berühmt werden?", antwortete der Psychologe Heiko Ernst folgendermaßen:

Ernst: „Weil sie, ganz banal, Sehnsucht nach Zuwendung und Beachtung haben."
FOCUS: „Und deshalb muss man gleich ein Star werden?"
Ernst: „Natürlich nicht. Aber die Medien bieten ein Forum, diese Bedürfnisse zu befriedigen … Im Vorfernsehzeitalter musste man noch Mitglied in einer Elite sein, um ins Rampenlicht zu gelangen. Dazu waren familiäre Herkunft, Bildung, Können, Fleiß oder ein besonderes Charisma nötig … Heute bieten

die Medien Abkürzungen an ... Auf dem heimlichen Lehrplan der Jugendlichen steht: Du musst nicht jahrelang an dir arbeiten, du kannst sofort und mit ein bisschen Glück in die mediale Aufmerksamkeit hineinkatapultiert werden und damit Erfolg haben. Das ist natürlich sehr verlockend."[2]

Es ist die große Hoffnung, die die Jugendlichen antreibt, bis zu dem großen Moment vorzudringen, wenn sie als Zeichen für „Du bist toll! Du bist klasse!" endlich beklatscht werden. Große Momente werden heute bewusst inszeniert: Fußballstars, Boxer oder Politiker im Wahlkampf werden bei ihrem Erscheinen von bombastischen Musikklängen begleitet, eingetaucht ins Schweinwerferlicht. Da wird ein geradezu körperliches Gefühl erzeugt. Man meint zu fühlen: „Du bist Teil von etwas Großartigem." Die meisten begnügen sich damit, dass sie sich ersatzweise im Glanz des Gefeierten mitsonnen können. Doch einige möchten eben selbst im wärmenden Rampenlicht stehen. Sie riskieren sogar eine Blamage dafür.

Im Fernsehen lief regelmäßig die Sendung *„Kinderquatsch mit Michael"*. Da dürfen drei- bis sechsjährige Kinder am sogenannten „Sternenmikrofon" populäre Lieder oder Schlager singen. Eltern haben mit ihren Kleinen wochenlang geübt. Am großen Tag des Auftritts werden sie im weißen Hemd mit passender Hose und Weste, im Rüschenkleidchen oder im Trachtenlook auf die Bühne geschickt. Der Moderator Michael beugt sich freundlich und liebevoll zu dem kleinen Sänger oder der Sängerin hinunter. Er stellt ein paar

---

2 Aus: FOCUS Nr. 46, Jg 2002, S.197.

Fragen nach Name und Wohnort. Vor allem aber fragt er, wer denn mitgekommen ist und unten im Publikum sitzt. Meist sind es Mutti und Vati, Oma und Opa und vielleicht noch ein Geschwisterkind. Dann schwenkt die Kamera gezielt zu ihnen. Man sieht die geröteten Gesichter der Mütter, die stolzen Blicke der Väter, bei einigen glitzern die Augen von Tränen der Rührung und Aufregung. Dann folgt der Auftritt, einfühlsam begleitet vom flexiblen Klavierspieler. Dieser federt alle falschen Pausen oder schwankenden Geschwindigkeiten gekonnt ab. Meist sind es keine Kinderlieder, sondern bekannte Titel aus dem Radio, die Erwachsene hören und im Bad trällern. Von einem Kind gesungen, rührt das die Gemüter, und so wird am Schluss begeistert geklatscht.

Sind es nicht wieder diese Augenblicke, für die die Eltern alles dransetzen? Die bewundernden – oder auch neidischen – Blicke des Publikums im Saal und der unbekannten Zuschauer zu Hause? Das Erlebnis, wenigsten einmal einen öffentlichen „Erfolg“ zu erleben? Gewissermaßen eine verdichtete Wertschätzung? Der Gedanke mag unbewusst durch die Köpfe gehen: „Einmal hier am Sternenmikrofon (Stern heißt schließlich Star!) war mein Kind – und damit ich – ein Superstar!“ Die Dramen der Übungsstunden und Kleiderdiskussionen sind vergessen oder verdrängt.

Leistungsschau

Es werden aber auch „kleinere Brötchen" gebacken, um seinen „Wert" öffentlich zu machen. Alle Arten von *Wettbewerb* erzeugen Spannung und nähren die Hoffnung auf eine Belohnung. Sei es in Form eines Pokals, einer Siegerurkunde, eines Geldpreises oder der Erwähnung in der Lokalzeitung.

Die Kleintierzüchter vergleichen ihre Zuchtbemühungen bei ihren Leistungsschauen: Das glänzendste Fell des Kaninchens, der eleganteste Kopfputz des Papageis, der stolzeste Schrei des Hahnes, die weiteste Strecke der Brieftaube.

Jugendliche wollen hervorstechen: Sie nehmen teil bei „Jugend forscht" oder bei „Jugend trainiert für Olympia". Es gibt „Jugend musiziert" und den Vorlesewettbewerb des deutschen Buchhandels.

Der Sport bietet unzählige Möglichkeiten, seine Leistung und seinen Vergleichswert im Kampf mit anderen zu messen: Es gibt Seniorenklassen im Tennis, alle Altersstufen im Marathon, in der Leichtathletik von Speerwurf bis Kugelstoßen. In den Paralympics kann man beeindruckende Leistungen bewundern. Aber bezeichnenderweise sind dort die Zuschauerränge schon wesentlich leerer und die Sponsorengelder seltener.

Guck mal, was ich kann!

Wer nicht speziell sportlich, musisch oder künstlerisch begabt ist, der hat dennoch seine ganz spezielle Art zu zeigen, was er vorzuweisen hat.

Ernst ist der sprichwörtliche Finanzbeamte. Seine Akten führt er akkurat und fehlerfrei. Er macht freiwillig Überstunden. Man soll keinen Fehler bei ihm finden.

Kathi zaubert fast täglich ein leckeres Gericht auf den Tisch ihrer großen Familie. Sie freut sich, dass ihr Mann sich jeden Tag dafür bedankt.

Der etwas eitle Herr H. ist Lehrer am Gymnasium. Während des Unterrichts stecken die Hände in den Taschen seines Jacketts. Immer mal wieder dreht er während des Hin- und Hergehens die beiden Rockschöße desselben nach außen. Dann kann man das eingenähte Firmenschildchen einer bekannten Edelmarke lesen. Auch mit seinen kostbaren Wildlederschuhen möchte er gerne auffallen. Seine Eitelkeit erheitert besonders die Schülerinnen. Sie machen sich heimlich über ihn lustig. Es ist seine spezielle Art der Suche danach, auffallen zu wollen und bestätigt zu werden.

Der verschrobene Professor geht gesenkten Hauptes durch sein Institut. Er hält seine Vorlesung und verschwindet schnell durch den hinteren Ausgang. Gespräche mit Kollegen und Studenten sind ihm unangenehm. Allerdings schreibt er viele Bücher und Fachartikel. Er vergewissert sich, wie viele seiner Bücher gekauft werden und wie oft er in anderen Büchern zitiert wird. Für ihn sind die Käufer und Leser seiner Bücher sein unsichtbares Publikum. Für ihn besteht sein Wert in dieser abgeleiteten anonymen Form von Wahrgenommenwerden.

Es gibt verhaltensauffällige Kinder. Sie möchten Aufmerksamkeit erregen: Durch Kraftausdrücke oder Blödeleien, durch häufiges Dazwischenreden, durch Prügeln oder vorlautes Wesen. Der eigentliche Grund dafür ist nicht selten der Mangel an elterlicher Zuwendung, Liebe und Führung. Auf diese leider unangenehme Weise wird geradezu erzwungen, dass sich der Lehrer oder die Lehrerin mit ihnen beschäftigt. Sie wollen vorkommen und sich dadurch wichtig und wertvoll fühlen.

Enttäuschende Erfahrungen

Bin ich denn gar nichts wert?

Stilprägend bis in die Fußspitzen: Die weltbekannte Choreographin Pina Bausch wird mit dem Goethe-Preis der Stadt Frankfurt am Main geehrt. Damit erhält erstmals eine Vertreterin der Tanzwelt die mit 50.000 Euro dotierte Auszeichnung.[3]

Frau Christa Böhmer wurde das Goldene Kronenkreuz der Diakonie verliehen. Frau Böhmer hat ehrenamtlich mehr als 30 Jahre in verschiedenen Funktionen im diakonischen Dienst der Evangelischen Kirche im Rheinland mitgearbeitet. Sie ist Mitglied des Vorstandes und Leiterin des Vereins für Internationale Jugendarbeit (vij) in Bonn.[4]

Große Ehre für die Helden von Peking: In einer Feierstunde wurden die Medaillengewinner der Olympischen und Paralympischen Sommerspiele 2008 von Bundespräsident Horst Köhler mit dem „Silbernen Lorbeerblatt" ausgezeichnet.[5]

Hier werden Menschen für herausragende Leistungen geehrt. Sie werden, wenn man so will, öffentlich wertgeschätzt. Eine Stadt wie Frankfurt verleiht jährlich etwa 20 Literatur-, Kultur-, Architektur- und andere

---

3 www.spiegel.de, 20.2.2008.

4 www.au-pair-agenturen.de, 14.03.2007.

5 www.focus.de, 20.11.08.

Preise, Ehrenplaketten und -medaillen. Diese Ehrungen sollen würdigen, honorieren, belohnen, vielleicht auch andere anspornen. Für den Betreffenden ist solch ein Tag der Verleihung natürlich erhebend. Doch mancher Leser ertappt sich beim Lesen solch einer Mediennotiz vielleicht insgeheim bei folgenden Gedanken:

Was müsste ich eigentlich Herausragendes tun, um solchermaßen geehrt zu werden? Bin ich denn gar nichts wert? Ich habe nichts vorzuweisen, was in der Zeitung stehen könnte. Ich pflege ja bloß meine alten Eltern. Ich kümmere mich ja nur um unsere Kinder. Ich prüfe ja jeden Tag nur die Steuererklärungen der Bürger. Dafür bekomme ich, wenn's gut geht, schon mal gelegentlich ein Lob oder eine Anerkennung. Aber im Allgemeinen nimmt davon keiner Notiz.

Mancher empfindet sich als extrem durchschnittlich, wenn über andere etwas Besonderes in der Zeitung steht. An dem Gefühl „Ich bin halt nur Durchschnitt" merken wir: Wir sind unbewusst stark geprägt von ganz bestimmten Maßstäben. Wir lassen sie uns diktieren von unseren Familien, von unseren Freunden, vom Radio und vom Fernsehen. Wir lesen, was „in" ist und was „out" ist. Natürlich meinen wir, „in" sein sei immer besser, obwohl es vielleicht schädlicher ist.

Ein Top-Platz bei der „Tour de France" beispielsweise wird erschreckend häufig durch Doping „erkauft", obwohl es den Körper schädigt und Betrug ist. Doch die magnetische Anziehungskraft des Traums vom Siegertypen, der etwas ganz Besonderes ist, verdrängt alle Bedenken.

Frust – Enttäuschung – Ärger

Rolf ist frustriert. Er hat über zehn Jahre die Abteilung in seiner Firma auf Vordermann gebracht. Die Abläufe funktionieren. Das Klima stimmt. Das Produkt wird erfolgreich verkauft. In der Geschäftsleitung kommt ein neuer Mann ans Ruder. Nach wenigen Monaten wird Rolf nahegelegt, sich nach einer neuen Stelle umzusehen. „Das kann doch wohl nicht sein! Jetzt habe ich mich jahrelang reingehängt und gute Arbeit geleistet. Und es klappt so gut. Wird denn mein Einsatz für die Firma gar nicht gewürdigt?"

Herrn Goll vergeht jede Lust auf einen gemeinsamen Abend. Seine Frau jammert ständig und nörgelt an ihm herum. „Nichts kann ich ihr recht machen. Heute habe ich die Hecke geschnitten, das war richtig schweißtreibend. Als Ilse vom Einkaufen kam, hat sie nur die paar Ästchen auf dem Boden kommentiert, die ich beim Aufräumen übersehen hatte, aber die geschnittene Hecke keines Blickes gewürdigt. Ich werde allein walken gehen, sonst gefällt ihr womöglich auch mein Laufstil nicht."

Nicole ist enttäuscht. Jeden Tag bringt sie der gelähmten Tante ein warmes Mittagessen. Sie putzt ihr die Wohnung. Sie wäscht ihre Wäsche. Doch die Tante jammert ihr immer nur vor, wie schlecht es ihr geht. Niemand besuche sie, nur am Geburtstag sei der Pfarrer da gewesen. „Ich verstehe ja, dass es nicht schön ist, krank und auf Hilfe angewiesen zu sein. Aber schließlich komme ich doch jeden Tag. Das müsste sie doch auch sehen und nicht nur so herumschimpfen. Dann soll sie sich doch Essen aus dem Altenheim kommen lassen. Mich kränkt das, wenn kein Wort des Dankes über ihre Lippen kommt."

Immer wieder beginnt dieser Teufelskreis des Denkens. Wir fangen an, das Unscheinbare und scheinbar Selbstverständliche als wertlos zu betrachten: die tägliche Arbeit zu Hause am Spülbecken oder am Bügelbrett, das unauffällige Sitzen im Sandkasten mit den Kleinkindern, die Pflichten im Büro oder im Laden, die ermüdende Pflege von Kranken. Das alles kommt uns völlig unwichtig, wenig herausragend vor. Und dann werten wir uns selbst ab als jemand, der diese „schlichten" Tätigkeiten ausübt.

Folgerichtig fangen wir an, uns nach Dingen und Tätigkeiten auszustrecken, von denen wir uns mehr Anerkennung, mehr Öffentlichkeit versprechen. Vielleicht stürzten wir uns in die vielfältige Mitarbeit in der Gemeinde, im Sportverein, in der Nachbarschaftshilfe. Das sind für sich genommen großartige Engagements und aller Ehren wert. Doch wer sie ausschließlich deshalb ausübt, um damit die Wertschätzung anderer zu gewinnen, wird oft bitter enttäuscht. Die erhoffte Bewunderung bleibt häufig aus.

Verunglückte Bemühung um Wertschätzung

Frau K. aus der Gemeinde bot einen Backkurs an. Ihre Schneckennudeln, Schwarzwälder Kirschtorten und Florentiner wurden von vielen gerühmt. Viele meldeten sich an. Sie waren dann auch sehr angetan von Frau K.s Charme und Fähigkeiten. Nach einigen Abenden brachten Teilnehmerinnen auch Rezepte ihrer Großmütter und aus Zeitschriften mit. Sie schlugen vor, diese mal auszuprobieren. Doch Frau K. bremste ab. Sie wollte ihr eigenes Programm durchziehen. Sie wollte ihre eigenen Backkreationen vorführen. Die Stimmung wurde ungemütlich. Immer mehr Frauen blieben weg. Sie ärgerten sich über die Kursleiterin. Sie konnte es nicht ertragen, dass andere ihr die Anerkennung streitig machten, ja, möglicherweise ihr das Wasser reichen konnten. Es war ihr gar nicht um ihr Hobby gegangen, vor allem nicht darum, es mit anderen gerne zu teilen. Sie wollte vielmehr in erster Linie von ihnen anerkannt und gelobt werden. Sie wollte im Mittelpunkt stehen. Leider ging das auf Kosten der guten Kursatmosphäre.

„Klassenkasper" Jonas wird von den Mitschülern ausgelacht und isoliert. Zwar lachen viele immer wieder über seine Witze und wie er die Lehrer nachmacht, doch in der Pause will dennoch niemand mit ihm spielen, da er sich nicht einfügen kann und das große Wort führen will.

Biggi gibt im Büro nach ihrem Urlaub jedes Mal ohne Punkt und Komma ihre Urlaubsgeschichten zum Besten. Kein anderer kommt zu Wort. Sie wird nach und nach von niemandem mehr zum Geburtstag eingeladen.

Umgang mit enttäuschten Erwartungen

Es gibt hauptsächlich zwei Arten, wie Menschen mit enttäuschten Erwartungen nach Lob, Anerkennung oder Wertschätzung umgehen.

1. Die Schuld bei sich selbst suchen:

- *Ich bin eben nicht liebenswert.*
- *Ich bin nicht attraktiv.*
- *An mir gibt es nichts Besonderes zu entdecken.*
- *Ich bin ein Unglücksrabe.*
- *Ich kann eben nichts.*

Kommt ein Mensch in diese Gedankenspirale, wird er schnell depressiv verstimmt. Er ist enttäuscht von sich. Er kann nicht mehr lachen. Er hat keinen Humor mehr. Er wird empfindlich, weinerlich, missmutig, wie gelähmt.

2. Die Schuld bei den anderen suchen:

- *Die Welt ist so schlecht.*
- *Keiner liebt mich.*
- *Keiner kümmert sich um mich.*
- *Ich wusste es ja schon immer.*
- *Es regiert der Egoismus von vorne bis hinten.*
- *Früher war alles besser. Da hat man noch zusammengehalten.*
- *Ich bin ein Missgeschick Gottes.*

Die Folge dieser Gedankenspirale ist, dass ich anfange, andere Menschen zu verachten. Ich ziehe mich zurück. Ich meide andere. Ich wirke dadurch arrogant. Ich werde unnahbar und abweisend.

Beide Wege bedeuten seelisch eine Sackgasse.

Sollten wir dann die Sehnsucht danach, wertgeschätzt zu werden, nicht lieber begraben? Sollten wir unsere Erwartungen herunterschrauben? Bleibt uns nur, zu resignieren?

Nein. Es ist wichtig, dass wir diese Sehnsucht nach Geltung und Wert in uns tragen. Es ist wünschenswert, dass sie uns nicht zur Ruhe kommen lässt. Wir dürfen sie nicht zum Verstummen bringen. Sie hält unsere Seele wachsam. Und sie kann uns zu unserem Ursprung führen. Paradoxerweise kann es gerade die Enttäuschung durch Menschen sein, die mich zu Gott als der Quelle echten und umfassenden Glücks hinführt. Bei Gott finden wir zurück zu echter, tiefster Wertschätzung.

Hildegard hatte ihren Mann nach 15-jähriger Ehe durch einen Verkehrsunfall verloren. In den Wochen und Monaten danach war sie sehr enttäuscht von vielen Menschen und Freunden, die sich von ihr fernhielten. Sie fühlte sich allein gelassen und vernachlässigt. Jahre später sagte sie: „Ich hatte zwei Möglichkeiten – entweder bitter zu werden oder echten, neuen Grund unter die Füße zu bekommen. Ich entdeckte im Glauben neu, dass Gott mich umfassend und komplett liebt, tiefer als jeder Mensch es kann. Und das genau hat mich befähigt, wieder selbst auf Menschen zuzugehen und ihnen aufmerksam zu begegnen.“

Sucht nach Wertschätzung

Im Wort Sehnsucht stecken nicht umsonst die beiden Wortteile *Sehn-* und *sucht*. Das Sehnen nach Wertschätzung kann auch zur Sucht nach Wertschätzung führen. Eine Sucht nach Wertschätzung liegt dann vor, wenn ein Mensch völlig abhängig wird von der Zuneigung und dem Wohlwollen anderer Menschen. Er buhlt ständig um Bestätigung. Er erzählt als „toller Hecht" unablässig von seinen Erfolgen oder Aktivitäten. Er schart immer Menschen um sich, die ihm zu Füßen liegen und ihm seine erwünschten Streicheleinheiten verabreichen. Widerspruch wird scharf zurückgewiesen.

Harald ist ein fröhlicher und beliebter Religionslehrer. Er ist ein kameradschaftlicher Typ. Er lädt seine Schüler mindestens einmal pro Schuljahr zum Eisessen ein. Außerdem bietet er als Projekt einen Gospelchor an und organisiert dafür Probenwochenenden in einer Jugendherberge. Für die Abende hat er spannende Videofilme parat, denn er nimmt an, dass die Jugendlichen das mögen. Eigentlich vorbildlich, denkt man. Doch wenn man Harald zu Hause erlebt, bekommt man einen anderen Mann zu sehen. Dort sitzt er mürrisch herum. Seine Kinder mag er zwar, doch er nimmt sie nicht wirklich wahr. Er erwartet, dass sie Pflichten im Haus übernehmen, aber selbst legt er kaum Hand mit an. Er hat keine Geduld, sich intensiv mit ihnen zu beschäftigen. Taucht aber Besuch auf, ist er der strahlende Gastgeber und unterhält alle durch seine schulischen Erfolgsgeschichten.

Harald merkt nicht, dass seine Freunde und Gesprächspartner ihm auf Dauer echte Sympathie versagen. Er zwingt sie zwar zur Bestätigung seiner Leistungen, doch sie tun das widerwillig. Warum? Weil kein Gleichgewicht besteht. Harald ist auf sich bezogen und will nur etwas für sich. Selbst ist er nicht gewillt und fähig, den anderen ebenfalls zu würdigen.

Es gibt auch Menschen, die gar nicht fähig sind, das entsprechende Publikum durch freundliches und heiteres Auftreten um sich zu scharen. Ihre Sucht nach Anerkennung äußert sich darin, dass sie ihr Leiden zur Schau stellen. Sie werden zum jammernden Hilflosen oder auch zum eingebildeten Kranken. Jeder, der einem solchen Menschen in die Hände gerät, wird mit seinem Ergehen überschüttet. Da wird in allen Einzelheiten beschrieben, welch ein Missgeschick heute wieder passiert ist, welche Doktorbesuche man hinter sich hat, wie schlecht die Welt ist.

Frau L. steigt immer an derselben Haltestelle in den Bus. Ist kein Sitzplatz frei, dann fordert sie mit unmissverständlicher und zugleich weinerlicher Stimme einen jüngeren Fahrgast auf, ihr Platz zu machen. Ansonsten setzt sie sich und ortet blitzschnell, ob eine Bekannte auszumachen ist. Wenn ja, läuft die Unterhaltung etwa so:

Bekannte: „Na, wie geht es Ihnen?"
Frau L.: „Oh wissen Sie, mein Fuß tut heute schon seit dem Aufwachen so weh. Und ich muss doch so viel einkaufen. Meine Enkel kommen heute zum Mittagessen. Die möchten unbedingt immer handgeschabte Spätzle essen und Eis hinterher. Ja, was tut man nicht alles für seine Familie! Aber bedanken tun die sich nicht, alles ist

selbstverständlich. Wissen Sie, seit mein Mann tot ist, geht's mir immer schlechter. Warum hat der auch so plötzlich sterben müssen vor zwei Jahren? Gestern hat mir der Arzt eröffnet, dass ich mich einer Magenspiegelung unterziehen muss. Ich hab nämlich Blut im Stuhl. Oh mei, das wird was werden!"

Bekannte: „Oh, das tut mir aber leid."

Frau L.: „Und haben Sie's in der Zeitung schon gelesen, jetzt wollen die unsere Buslinie ausdünnen und nur noch alle fünfzehn Minuten fahren statt alle zehn Minuten. Wir kleinen Leute sind doch immer die Benachteiligten. Oder nicht?"

Bekannte: „So ist's ja oft."

Frau L.: „Oft sagen Sie? Immer ist es so."

Und das alles erfolgt in einer solchen Lautstärke, dass man sie auch noch in der letzten Sitzreihe hören kann.

Ist keine Bekannte auszumachen, stöhnt sie jammernd vor sich hin: „Ach ja! Ach ja!"

Schließlich wirft ihr doch jemand einen mitleidigen Blick zu. Sie beginnt wieder mit dem Erzählen ihrer schlimmen Lage.

An diesem Beispiel wird deutlich, wie der verzweifelte Versuch, Aufmerksamkeit (= Wertschätzung) zu erregen, wie ein böser Bumerang zurückkommt. Die Energie, die dafür aufgebracht wird, zerstört die eigene, ohnehin schon schwache Stabilität. Selbstwertgefühl und Selbstachtung gehen endgültig verloren.

Wert-Schätzung – Was ist das eigentlich?

In M. Dieterichs *„Handbuch Psychologie und Seelsorge“* findet sich unter der Überschrift *„Wertschätzung“* folgende Erläuterung:

„Der dritte Aspekt der hilfreichen Haltung des Therapeuten bzw. Seelsorgers (neben Empathie und Echtheit; Anmerkung des Autors) verlangt, eine Atmosphäre zu schaffen, die dem Klienten Wärme und bedingungsloses Angenommensein entgegenbringt … Der … Seelsorger weiß zu schätzen, dass sein Gegenüber ein Mensch ist, dessen Wert nicht durch irgendwelche Verhaltensweisen, Einstellungen oder andere Qualitäten bestimmt wird.“ [6]
Hier wird wiedergegeben, dass Wertschätzung etwas mit bedingungsloser Annahme zu tun hat. Eine positive Entwicklung, ja, im therapeutischen Kontext sogar Heilung, kann nur gelingen, wenn ein Mensch grundsätzliche Annahme erfährt. Dieses Angenommensein wird erlebt, wenn die nachfolgenden Grundbedürfnisse erfüllt werden.

---

6 Michael Dieterich, Handbuch Psychologie und Seelsorge, 2. Auflage, Wuppertal 1992, S. 273f.

Sei mir wohlgesonnen!

Zunächst einmal geht es ganz grundsätzlich um eine Haltung der menschlichen Akzeptanz, um ein Wohlwollen dem andern gegenüber. Fast jeder normale, sensible Mensch spürt sofort, ob ihm jemand feindselig, gleichgültig oder wohlwollend begegnet. Die einen legen viel Wert auf Wohlwollen, andere sind da weniger empfindsam. Doch Wohlwollen ist für die meisten Menschen angenehm. Es schafft Vertrauen. Es sorgt für eine entspannte Atmosphäre. Es fördert die Bereitschaft und die Fähigkeit, Leistungen zu erbringen. Das gilt in der Familie, im Kindergarten, in der Schule, in der Ausbildung, an der Universität, in der Firma, im Pflegeheim. Oder andersherum: Begegnet mir jemand ohne Wohlwollen, also mit Misstrauen, so ist das unangenehm. Es entsteht kein Vertrauen. Die Atmosphäre ist gespannt. Die Bereitschaft, sich einzusetzen, wird eher blockiert. Die Fähigkeit zu guter Leistung wird gebremst.

Eine Mathematiklehrerin unserer Kinder beeindruckte mich. Ich lernte sie durch meine Aufgabe als Elternvertreterin näher kennen. Sie konnte echt wohlwollend von Schülerinnen und Schülern erzählen, die schlechte Mathematiknoten schrieben. Sie schätzte ihre Begabungen auf ganz anderen Gebieten. Im Schulkonzert freute sie sich an der geigenden Schülerin, in der Kunstausstellung bewunderte sie die gelungene Gipsskulptur des Schülers. Sie konnte zum Beispiel auch sagen: „Die Schülerin G.

hat ein so nettes Wesen, sie ist so erfrischend natürlich, ich freue mich immer, ihr im Schulflur zu begegnen. Was macht es da, dass es in Mathematik nicht so klappt? Es gibt noch mehr als Zahlen."

Faule Schüler allerdings konnte sie auch zur Seite nehmen und ihnen die Leviten lesen. Doch das gehörte zu ihrer wohlwollenden Haltung. Sie hatte buchstäblich das Wohl des Jugendlichen im Sinn.

Nicht immer geht es so positiv zu. *Oliver, 6. Klasse, kommt mit seiner Englischübersetzung nicht klar. Er fragt seinen Vater: „Kannst du mir helfen, Papa?" Der Vater setzt sich zu ihm an den Schreibtisch. Zuerst schaut er sich das Buch an, sieht die Eselsohren und platzt heraus: „Wie sieht das denn aus? So eine Schlamperei. Kannst du gar nicht auf deine Sachen aufpassen?" Oliver schaut betreten, sagt nichts. „Jetzt zeig mir mal die Aufgabe. Wo klemmt es denn?" „Hier, die Sache mit dem past perfect. Was ist das eigentlich?" „Hör her, dafür bist du doch in der Schule. Hast du nicht aufgepasst? Ich soll dir doch nur helfen. Ich will doch nicht bei Adam und Eva anfangen. Hier, füll mal die erste Lücke aus, ist doch ganz einfach." Oliver überlegt, doch er bringt keine Antwort heraus. Schweigt. Der Vater wird ungeduldig. „Auf, das dauert ja ewig. Ich hab nicht endlos Zeit. Ich will noch die Winterreifen wechseln." Oliver sagt weinerlich: „Aber ich hab's doch nicht verstanden, wie es der Lehrer erklärt hat." Papa trommelt mit den Fingern auf der Schreibtischplatte herum und sagt: „Das soll dir die Mama erklären. Das ist mir zu umständlich. Du musst dich in der Schule eben voll konzentrieren, dann geht das auch in dein Hirn rein." Er geht raus. Oliver sitzt ratlos vor seinem Heft.*

Der Vater bringt seinem Sohn in dieser Situation von vornherein kein Wohlwollen entgegen. Es ist ihm lästig, sich mit den Schulaufgaben herumzuärgern. Er entmutigt seinen Sohn und gibt sich nicht die geringste Mühe, ihm auf die Sprünge zu helfen. Wahrscheinlich ist er selbst nicht sattelfest in der Grammatik.

Herr Krauter hat einen neuen Rasenmäher gekauft. Nach vier Wochen funktioniert er nicht mehr. Er geht mit dem Gerät in den Baumarkt, wo er es gekauft hat. Er meldet sich bei der Informationstheke. Eine Frau mittleren Alters fragt: „Was haben Sie auf dem Herzen?" „Ich habe vor vier Wochen diesen Rasenmäher bei Ihnen gekauft. Er gibt keinen Mucks mehr von sich. Wie können wir das Problem lösen?" „Oh, das tut mir aber leid für Sie. Wir kümmern uns darum. Hier gilt ja in jedem Fall noch die Garantie. Wenn man das Ding einschicken muss, können wir Ihnen kostenlos ein Leihgerät zur Verfügung stellen. Ich muss da meinen Kollegen, den Herrn Bantele von der Gartenabteilung, holen. Bitte haben Sie einen Moment Geduld." Herr Bantele kommt nach ein paar Minuten: „Ich höre, Sie haben ein Problem. Probleme sind dazu da, dass man sie löst, nicht wahr? Dann wollen wir doch mal sehen." Nach eingehender Untersuchung stellt er fest, dass tatsächlich der Motor kaputt ist. „Wir tauschen Ihnen den Rasenmäher aus. In etwa zwei Wochen können Sie ihn abholen. Das Leihgerät bekommen Sie in der Gartenabteilung. Auf Wiedersehen!"

Als Herr Krauter nach Hause kommt, erzählt er seiner Frau: „Die waren so was von nett und hilfsbereit. Wenn alle Reklamationen so verlaufen würden, gäbe es wesentlich weniger Ärger. Da kaufen wir gerne wieder ein!"

Es ist eine Wohltat für Kunden *und* Angestellte, wenn beide Seiten entspannt und wohlwollend Reklamationen ansprechen.

Interessiere dich für mich!

Interesse setzt schon einen persönlichen Kontakt voraus. Einem Mitfahrer im Bus kann ich Wohlwollen im Sinn von freundlicher Höflichkeit entgegenbringen, aber normalerweise kein Interesse. Leider bleiben wir selbst bei uns nahestehenden Menschen oft bei diesem oberflächlichen Kontakt stehen. Nach wenigen Informationen meinen wir, den anderen Menschen schon zu *kennen.* Dabei würde er uns gerne mehr erzählen. Und ist es nicht so? Auch wir würden oft gerne einem oder einer anderen mehr erzählen – *wenn*, ja *wenn* er sich für uns interessieren würde. Aber wer interessiert sich schon für den anderen? Um seiner selbst willen, und nicht, weil man vielleicht einen Nutzen von ihm hätte. Das lateinische Wort *interesse,* bedeutet *darin sein, innen drin sein.*

Das Leben des anderen ist – bildlich gesprochen – wie ein großer, unbekannter Garten. Er ist besonders bei älteren Menschen gefüllt mit vielen Pflanzen, Gewächsen, Bäumen und Blumen des Lebens. Da gibt es die unzähligen Erfahrungen und Erlebnisse: aus der Kindheit, aus den Jugendjahren, aus den wilden Jahren, aus der Schulzeit, aus der Ausbildungszeit, je nachdem auch aus der Kriegszeit. Es gibt die Erfahrungen aus der Ursprungsfamilie und der eigenen Familie, mit Freundinnen und Freunden, Kolleginnen und Kollegen: schöne, belastende, froh machende, traurige, furchtbare, lustige. Es gibt die persönlichen Maßstäbe und Meinungen über die anderen Menschen, über die

Politik, das, was in der Welt passiert, über Musik von Bach bis Heino, über Romane, Theaterstücke, über Kirchen und Sekten, über den Glauben, über das, was glücklich macht und worauf man keine Antwort weiß. Da sind auch die Sorgen wegen der lockeren Zähne, wegen Diabetes und hohem Blutdruck; die Begeisterung über das neugeborene Enkelkind. Wie wenig werden diese Erfahrungs*schätze* gehoben! Warum nicht? Weil wir uns am meisten für uns selbst interessieren. Ein altes Lied hat folgenden Text: *„Die Menschen sind schlecht, sie denken an sich, nur ich denk an mich!"* Oder von jemand anderem so ausgedrückt: *„Paragraph eins: Jeder macht seins!"*

Aber wünschen wir uns denn nicht gerade das? Dass jemand meinen Garten betreten und sich das anschauen möge, was da so gewachsen ist und immer noch wächst? Dass er mit mir zusammen darin spazieren gehen und ich ihm diese Pracht oder Dürre erklären könnte? Oder anders ausgedrückt: Man kann den Menschen mit einem unentdeckten Land vergleichen. Kaum einer war dort. Keiner will es entdecken. Dabei wäre es so einfach! Manchmal genügt eine kleine Frage (siehe auch Seite 83ff.).

Lass mich nicht allein!

Ich hörte einen Referenten einmal über das Thema: „Hauptsache gesund!?“ sprechen. Unter anderem sagte er: *„Wenn man älter wird und krank, lautet das Motto nicht mehr ‚Hauptsache gesund!‘, sondern ‚Hauptsache nicht allein!‘“* In der Tat kann Einsamkeit schlimmer sein als Kranksein.

Menschen erleben immer wieder einschneidende Ereignisse, oft auch Belastendes: ein Angehöriger stirbt, eine tückische Krankheit bricht aus, man ist vom Freund oder der Freundin verlassen worden, ein Umzug steht ins Haus, die Kinder sind ausgezogen, die Kündigung liegt im Briefkasten, jemand ist zweimal durch die Prüfung gefallen. Gerade dann ist es ein sehr wichtiges Zeichen der Wertschätzung, wenn man signalisiert bekommt: Du bist nicht allein! Ich fühle mit! Das kann und sollte auf ganz unterschiedliche Art und Weise geschehen.

Als ich noch Studentin war, starb der Vater eines Mitstudenten. Ich war damals sehr unsicher, wie ich darauf reagieren könnte. Der Student stand mir nicht so sehr nahe, aber er wohnte immerhin im selben Studentenwohnheim. Ich hatte bis dahin nie unmittelbar einen Todesfall erlebt. Ich stellte mir vor, dass man in dieser Lage am liebsten seine Ruhe haben möchte und nicht gern mit anderen darüber spricht. So drückte ich ihm mein Beileid nicht aus, sondern ließ ihn wirklich in Ruhe.

Einige Jahre später starb mein ältester Bruder durch

einen Absturz. Zum ersten Mal traf mich der Tod blitzartig. Nachdem die Beerdigung vorbei war, hatte ich in den Wochen danach ein starkes Bedürfnis, mit Menschen, die mir nahestanden, immer wieder über diesen Tod und meine Gefühle zu sprechen. Doch die meisten meiner Freunde und Bekannten aus meinem Umfeld (junge Theologen!) machten es wie ich damals: Sie ließen mich in Ruhe. Und ich war einsam und enttäuscht, allein gelassen. Das war eine wichtige Lehre für mich. Ich gehe seither mutiger auf Trauernde zu, weil ich selbst erfahren habe, wie gut ein schlichtes Zeichen der Anteilnahme ist.

Ein Besuch ist noch immer der kürzeste Weg zum anderen Menschen. Und oft sollte auch der Besuch lieber kurz als lang sein. Der entscheidende Moment eines Besuches, besonders eines Krankenbesuchs in der Klinik, sind die ersten Sekunden. Wenn die Tür aufgeht und die Person im Türrahmen erscheint, dann registriert der Einsame beziehungsweise Kranke (hoffentlich) erfreut: *„Oh, sie hat an mich gedacht!“ „Oh, er ist gekommen!“* Diese wenigen Augenblicke haben oft eine seelische Langzeitwirkung. Die positive Wirkung wird im Allgemeinen umso mehr verkürzt, je länger der Besuch dauert. Denn ein Besuch bedeutet für Kranke und schwerhörige alte Menschen hohen Stress. Sie müssen die Gastgeber für den Besucher sein, fühlen sich verantwortlich für dessen Wohlbefinden. Dabei sollte es genau umgekehrt sein. Es sollte um das Wohlbefinden der Besuchten gehen!

Respektiere meine Grenzen!

Man begegnet immer wieder Menschen, die sich einem aufdrängen. Oder man empfindet sie als aufdringlich. Es scheint so, dass jeder Mensch einen bestimmten, unsichtbaren Radius um sich hat, gewissermaßen eine Schutzzone, ein Sperrgebiet. Wenn dieses von anderen „betreten" wird, empfindet man das als Verletzung der Privatsphäre. Das ist das Gegenteil von Wertschätzung. Eine Verletzung der Privatsphäre kann körperlich sein, wenn jemand einem im wahrsten Sinne „zu nahe tritt". Das kann aber auch dann sein, wenn einen der andere mit einem Wortschwall überschüttet. Oder wenn jemand zu neugierig oder zu persönlich fragt.

Kürzlich traf ich nach längerer Zeit in einer Bibelstunde einen älteren Bekannten mit seiner Tochter. Ich ging freudestrahlend auf beide zu. Dem Mann drückte ich kräftig die Hand. Und vor Freude über das Wiedersehen nahm ich die (erwachsene) Tochter in den Arm. Ich spürte, wie sie steif wurde und es ihr fühlbar unangenehm war. Leider passierte mir das beim Abschied noch einmal. Ich musste mir eingestehen, dass ich zu selbstverständlich meinem Gefühl nachgegeben hatte und ihr zu nahe getreten war. Ich werde mich hoffentlich bei der nächsten Begegnung daran erinnern und etwas zurückhaltender sein.

„Zu viel Nähe kann überfordern, ja, bedrängend wirken, … zu viel Distanz signalisiert Gleichgültigkeit. … Wohltuende Distanz dagegen beginnt sprachlich mit der respektierenden Anrede und endet körpersprachlich mit einem vorsichtigen, nicht überstülpenden Umgang mit Berührung."[7]

7 Ilka Köther und Else Gnamm, Altenpflege in Ausbildung und Praxis, 4. Auflage, Stuttgart 2000, S. 243.

Sei doch einfach freundlich!

Das Motto einer Drogeriemarktkette lautet: *„Hier bin ich Mensch, hier kauf ich ein."* Und – dort zählt Freundlichkeit! Zumindest habe ich dieses Motto in einem ihrer Märkte auf einem Schild entdeckt. Ein lächelndes Gesicht und freundlich gesprochene Worte sind eine einfache, kostenlose und gleichzeitig kostbare Art der Wertschätzung unter uns Menschen. Manchmal geht einem das erst auf, wenn man besonders freundliche Menschen kennengelernt oder beobachtet hat.

Einkauf im Supermarkt. Ich stehe als Drittletzte in der Warteschlange an der Kasse und habe Zeit, die Kunden zu beobachten. Eine Frau Mitte dreißig ist bei der Kassiererin angelangt. Sie will ein paar Frotteematten umtauschen. Erste Überraschung: Sie erläutert auf höfliche Weise ihr Anliegen. Sie spricht mit osteuropäischem Akzent. Dazu lächelt sie natürlich und gewinnend. Ich schaue sie gerne an und ertappe mich dabei, dass ich auch lächle. Ohne Grund. Angesteckt von diesem netten Gesicht. Zweite Überraschung: Die Verkäuferin an der Kasse geht ebenso höflich auf sie ein. Sie ist etwas ernster, aber doch wohlwollend und hilfsbereit. Sie erklärt geduldig, dass die Kundin ein paar Euro dazuzahlen muss, da es sich bei der Tauschware um ein anderes Exemplar handelt. „Klar, kein Problem." Und zum Schluss wieder der liebenswürdige Blick der Kundin. Der Laden selbst gefällt mir überhaupt nicht, doch ich habe dort eine gute menschliche Erfahrung erlebt.

Freundlich sein kann man lernen. Manchmal hilft ein Vorbild.

Dona Ursula lernte ich in Brasilien kennen. Sie war angestellt in einer christlichen Gemeinschaft und hielt auch Ansprachen und Predigten. Wann immer sie vor die versammelten Menschen trat und sie begrüßte, wurde mir warm ums Herz. Sie stellte sich erst einmal ruhig hin, schaute in die Augen der Leute, lächelte und sagte dann ein paar freundliche Worte. Ich hatte stets das Gefühl, als wolle sie jeden Einzelnen umarmen und ihm sagen: „Wie gut, dass du da bist!" Wahrscheinlich hat sie das auch wirklich so empfunden. Denn sie lebte aus dem Glauben an Gottes Liebe zu den Menschen. Sie war verwurzelt in seinem Wort der Bibel. Wenn sie über einen Text sprach, dann war das, wie wenn sie einem ein ganz neues Geschenk in die Hände legte, taufrisch und einprägsam.

Es war einfach ihre gesamte Erscheinung, die in mir den Wunsch aufkommen ließ: Das möchte ich von ihr lernen: freundlich, herzlich und glaubwürdig zu sein. Denn ich habe durch sie erlebt, wie diese Art mir selbst gutgetan hat und wie sie einen ganzen Saal prägen konnte.

Ich werde nie eine Dona Ursula werden, das wäre auch nicht wünschenswert. Doch als Vorbild behalte ich sie in meinem Gedächtnis des Herzens, nämlich als ein Bild von Freundlichkeit, das vor mir steht.

Wertschätzen –
wie geht das eigentlich?

Die Grundhaltung macht's

Wie schon oben gesagt: Die Grundhaltung macht den entscheidenden Unterschied. Ich hörte von einem Volkshochschulkurs, in welchem man das Feilschen um Rabatte erlernen konnte. Die erste Grundregel lautete erstaunlicherweise: *Gib zuallererst dem Händler das Gefühl, dass du seine Arbeit wertschätzt! Sonst läuft nichts mit Preisnachlass!* Erst als zweiter Schritt wurde dann die Feilschtechnik erläutert. Es sollte darum gehen, zuerst eine gedeihliche Geschäftsbasis zu schaffen, in der beide auf gleicher Augenhöhe miteinander umgehen. Die Einstellung zum anderen soll sein: *„Du bist ein ehrenwerter Mann, eine zu respektierende Frau. Ich achte dich dafür, dass du dir in deiner Arbeit Mühe gibst.“* Sie ist so gewichtig, dass sie sogar als Voraussetzung für einen befriedigenden Geschäftsabschluss gilt.

Stellen wir uns doch mal vor, an unserem Arbeitsplatz würden wir selbstverständlich mit Respekt und Achtung behandelt. Es gäbe viel weniger Stress und Frustration.

Die Goldene Regel

Die sogenannte „Goldene Regel“ steht in der Bibel. Sie heißt: *„Alles nun, was ihr wollt, dass euch die Leute tun sollen, das tut ihnen auch.“ (Matthäus 7,12).* Der Volksmund hat es abgewandelt in ähnlicher Form hervorgebracht: *„Was du nicht willst, dass man dir tu, das füg auch keinem andern zu!“*

Man könnte es zu einer **Goldenen Regel der Wertschätzung** umformulieren:

„Was du gern willst, dass man dir tu, das füge auch dem andern zu!“

Es dürfte nicht schwer sein, daraus einige Schlüsse zu ziehen, zum Beispiel:

- Wenn du gerne Besuch bekommst, dann lade selbst jemanden ein!
- Wenn du gerne gelobt wirst, dann gib selbst Lob weiter.
- Wenn du gerne Komplimente bekommst, dann teile großzügig selber welche aus.
- Wenn du gerne Fragen gestellt bekommst, dann stelle selbst Fragen an den anderen.
- Wenn du gerne einen geduldigen Gesprächspartner hast, dann sei selbst geduldig.

Wahrnehmen

Man kann keinen Menschen wertschätzen, den man nicht einmal wahrgenommen hat. Wahrnehmen heißt nicht einfach nur sehen. Es heißt nicht, einen flüchtigen Blick über den anderen huschen zu lassen. *Wahrnehmen* stammt von *gewahren* im Sinne von *bemerken, seine Aufmerksamkeit auf etwas richten*. Das heißt doch, mit allen Sinnen zu sehen. Also einen Menschen in seiner Wahrheit zu erfassen. Man könnte auch sagen, tiefer sehen. Sich kürzer oder länger Gedanken machen über den, den man sieht. Natürlich kann man das nicht bei vielen Menschen gründlich tun. Aber hier und dort öfter mal den Blick auf einem Menschen ruhen, ihn auf sich wirken zu lassen, das ist möglich und wünschenswert. Und dabei kann man Überraschendes erleben.

Ich stand wieder einmal wartend an einer Ladenkasse, diesmal in einem Modehaus. Hinter mir reihte sich eine modisch gekleidete, groß gewachsene, junge Frau mit einem kleinen Jungen ein. Er hatte außergewöhnlich dichtes, dunkles Haar. Mithilfe von Gel stand es in Büscheln vom Kopf ab. Es sah witzig aus. Ich überlegte und schätzte ihn auf drei Jahre. Er war neugierig und zog eine Rollschublade unter einer Warentheke heraus. Die Mutter wehrte ihm und schob sie wieder zu. Ich wandte mich lachend an sie: „Hier gibt es viel zu entdecken für so einen kleinen Burschen." „Ja, das macht ihm natürlich Spaß." „Ich mag neugierige Kinder. Wie alt ist er denn?" „Er wird bald zwei." „Oh, er ist aber groß." „Ja, stimmt, das hat er von seinem Vater, und ich bin auch nicht klein." „Und spricht er schon?" „Nein, noch fast nichts. Das entspricht leider nicht seinem Alter. Er hatte eine Kiefer-Gaumenspalte." „Oh, das habe ich gar nicht bemerkt." Ich schaute genauer hin und bemerkte die Narben. „Das wurde aber gut gemacht." „Ja, die haben das gut hinbekommen." „Wie heißt denn Ihr Sohn?" „Leon." „Leon, ein schöner Name." Zu Leon sagte ich: „Leon, du bist und du wirst ein Prachtkerl!" Ich war an der Kasse angelangt. „Ich wünsche Ihnen alles Gute auf dem Weg mit Ihrem Leon. Tschüss." „Danke." Eine Weile dachte ich noch über Leon und seine Mutter nach.

Hätte ich Leon nicht eine Weile beobachten, ihn wahrnehmen können, wäre kein Kontakt zustande gekommen. Und damit auch keine Wertschätzung und Ermutigung, kein erfreulicher menschlicher Dialog im Modehaus.

Echtes Wahrnehmen gelingt nur in Zeiten, in denen wir selbst ausgeglichen sind. Stimmt unser seelisches Gleichgewicht, dann haben wir unsere Sinne frei für unsere Mitmenschen. Stimmt das Gleichgewicht nicht, dann sind wir selbst angewiesen auf Mitmenschen, die uns wahrnehmen. Manchmal allerdings lenkt das Wahrnehmen eines anderen Menschen sogar von der eigenen, unbefriedigenden Lage ab.

Melanie sitzt trübsinnig auf einer Bank im Stadtpark. Sie stiert in die Gegend und grübelt darüber nach, warum sie immer wieder nur eine befristete Arbeit als Sachbearbeiterin findet. Dabei wäre sie so gerne einmal ein paar Jahre in derselben Firma. Ein Ruck auf ihrer Bank reißt sie aus ihren Gedanken. Ein älterer Herr hat sich hingesetzt. Sein Handy klingelt. Er meldet sich „Hier ist Norbert. Hallo Erwin. Das ist mal eine Überraschung. Schön, deine Stimme zu hören." Melanie betrachtet das braun gebrannte Gesicht des gut aussehenden Herrn und hört unfreiwillig mit. „Wie es mir geht? Nicht so erfreulich. Ich bin auf dem Weg zu meiner Ilse. Ich musste sie ins Pflegeheim bringen. Sie hat Alzheimer. Sie erkennt die Kinder nicht mehr. Es dauert sicher nicht mehr lange, bis sie auch meinen Namen nicht mehr weiß. Ach Erwin, es ist manchmal sehr schwer." Melanie bemerkt, wie eine Träne aus seinen Augenwinkeln an seiner Wange entlang herunterläuft. Sie muss schlucken. Am liebsten würde sie ihm ein Papiertaschentuch zustecken. Doch sie traut sich nicht. Ihr eigener Frust ist vergessen. Sie fühlt mit dem Banknachbarn mit. Noch lange denkt sie auf dem Heimweg an Norbert.

Echtes Wahrnehmen, das heißt, einen Menschen „für wahr nehmen", geht also nur aus einer gewissen Ruhe, ja, Stille heraus. Ich brauche Zeit und Muße, um einen Eindruck von ihm aufzunehmen, um über ihn nachzudenken und zu fragen: „Wer und wie ist dieser Mensch?" Es geht dabei nicht nur um nächste Angehörige und Freunde. Auch Kollegen, angestellte Mitarbeiter, Mitschüler, anbefohlene Kinder und Jugendliche, Patientinnen und Patienten oder Bewohner von Senioreneinrichtungen sind es wert, dass man ihre Gesichter und Äußerungen auf sich wirken lässt.

Ich las von einem Mitarbeiter in einer Justizvollzugsanstalt. Er steht jeden Morgen sehr früh auf. Er nimmt sich eine ganze Stunde Zeit, um sich die Gefangenen seines

Zellentraktes ins Gedächtnis zu rufen und ein Gebet für sie zu sprechen. Er schrieb ungefähr so: „Ich brauche diese Stunde der Besinnung, bevor ich zur Arbeit gehe. Ohne sie würde ich diesen Job nicht bewältigen." Auf diese Weise nimmt er diese hartgesottenen Insassen wahr.

Zweifellos kann man nur eine begrenzte Zahl von Menschen auf intensive Art wahrnehmen.

Kontakt aufnehmen

Zum Ausdruck von Wertschätzung gehört es, nicht ausschließlich beim Wahrnehmen zu verharren, sondern auch echten Kontakt aufzunehmen. Damit trete ich aus der Zuschauerrolle heraus. Ich lasse mich auf den anderen ein. Wohlwollendes Wahrnehmen bringt fast automatisch eine Reaktion hervor. Eine Re-Aktion nämlich. Eine Aktion, die auf etwas – nämlich vorherige Wahrnehmung – erfolgt. Bei Melanie (vgl. S. 65) ist es immerhin ein Nachdenken auf dem Heimweg. Es könnte sein, dass aus dem wiederholten Nachdenken über einen Menschen, den man aufmerksam betrachtet hat, bei zukünftigen Begegnungen tatsächlich eine Aktion erfolgt, zum Beispiel wirklich das Reichen eines Taschentuchs.

Eine leicht zu praktizierende Kontaktaufnahme könnte so aussehen:

- *Augenkontakt suchen,*
- *lächeln,*
- *verständnisvoll nicken,*
- *stehen bleiben,*
- *einen aufmunternden Blick senden,*
- *als beschützende Geste kurz die Hand an den Oberarm legen,*
- *eine kleine humorvolle Bemerkung machen,*
- *ein Bonbon verschenken,*

Ein Paradebeispiel und Vorbild für jemanden, der Kontakt mit Menschen sucht und aufnimmt, ist immer wieder *Jesus* im Neuen Testament.

Eine bekannte Geschichte wird im Lukasevangelium in Kapitel 19 berichtet:

Jesus durchquert die Palmenstadt Jericho. Ein windiger, unbeliebter Zollbeamter, klein an Wuchs, mit dem Namen Zachäus, will ihn unbedingt einmal sehen. Denn man redet über diesen Mann, der durch die Gegenden wandert, predigt und Kranke heilt. Angesichts der Menschenmassen bleibt dem gedrungenen Beamten als einzige Chance, auf einen Maulbeerbaum zu klettern und zu warten, bis er vorbeikommt. Tatsächlich nähert sich Jesus. Er ist immer umringt von Leuten. Zu Zachäus' Überraschung schaut Jesus genau in s e i n Gesicht, ein Gesicht unter hunderten. („Und als Jesus an die Stelle kam, sah er auf ...") Er nimmt ihn also wahr(!). Und er nimmt Kontakt auf durch einen Zuruf „Zachäus, steig eilend herunter ..." und durch eine Selbsteinladung „... denn ich muss heute in deinem Haus einkehren." Jesus hat von Anfang an das Herz von Zachäus berührt, Vertrauen geschaffen und dann eine eindrucksvolle Lebensveränderung bewirkt. *„Zachäus aber trat vor den Herrn und sprach: Siehe, Herr, die Hälfte von meinem Besitz gebe ich den Armen, und wenn ich jemanden betrogen habe, so gebe ich es vierfach zurück."*

Ein weiteres Beispiel ist das Ereignis am Jakobsbrunnen im Johannesevangelium (Johannes 4). Wieder handelt es sich um eine Person mit zweifelhaftem Ruf in der Bevölkerung – dieses Mal um eine unverheiratete Frau. Sie hat verschiedene Männer gehabt. Und dann gehört sie auch noch zu der verhassten Minderheit der Samaritanersekte und wohnt in der Kleinstadt Sychar.

Die Frau geht Wasser holen in der prallen Mittagssonne („… es war um die sechste Stunde"). Denn dann trifft sie keine anderen Frauen, die über sie klatschen könnten. Jesus war mit seinen Gefährten nach einer längeren Reise kurz vorher auch am Stadtrand von Sychar angekommen. Er lässt seine Freunde in der Stadt Essen holen und setzt sich durstig an den Brunnenrand. In diesem Moment kommt die besagte Frau, um Wasser zu schöpfen. Jesus tut etwas für damalige Verhältnisse Außergewöhnliches. Er bittet sie um einen Becher Wasser. Dass dies außergewöhnlich ist, zeigt ihre Antwort: „Wie, du bittest mich um etwas zu trinken, der du ein Jude bist und ich eine samaritanische Frau?" Das war einfach unwahrscheinlich und unschicklich.

Jesus hatte zwar Durst, aber ein anderer Jude in seiner Lage hätte diesen Durst so lange ausgehalten, bis jemand anderes Wasser hätte schöpfen können. Doch Jesus wollte unbedingt den Kontakt herstellen zu dieser Frau mit gleich zwei Makeln: Sektenangehörige u n d unehrenhafte Lebensweise. Er möchte zu ihrem tiefsten Lebenshunger und ihrem eigentlichen Lebensdurst vordringen, dem leeren und enttäuschten Herzen. Und wieder gewinnt er wie bei Zachäus ihr Vertrauen. Am Ende der Begegnung fällt es ihr wie Schuppen von den Augen: Mit diesem Mann am Brunnen ist der Erlöser in ihr Leben getreten, auf den die Samaritaner, aber auch die Juden – und im Grunde alle Menschen – warten. („Da ließ die Frau ihren Krug stehen und ging in die Stadt und spricht zu den Leuten: Kommt, seht einen Menschen, der mir alles gesagt hat,

was ich getan habe, ob er nicht der Christus sei!")
Jesus war der Kontakthersteller schlechthin. Darin bestand seine Lebensaufgabe: im Namen Gottes Kontakt mit den Menschen aufzunehmen, um ihnen zu sagen: „Gott schätzt euch so sehr wert, dass er mich als Brückenbauer zu euch schickt. Durch mich lässt er euch sagen: Lasst euch mit ihm versöhnen. Er ist euch wohlgesonnen, ja, er ist die Liebe schlechthin."

Durch Jesus wird uns in umfassender und überzeugender Weise „vorgeführt", was Wertschätzung bedeutet: Jeder Mensch hat Geltung. Jedem Menschen muss ermöglicht werden, von der guten Botschaft der Liebe Gottes und seiner Vergebung der Sünden zu hören.

Zeit haben

Zeit ist die wertvollste Währung des Wertschätzens. Das ist inzwischen auch zur Genüge bekannt aus der Pädagogik, aus der Geriatrie, aus der Psychologie, aus der Lebenserfahrung: Wer seinen Kindern keine Zeit widmet, missachtet ihren Wert als Menschen.

Umgekehrt: Wer sich Zeit nimmt für andere Menschen, der würdigt und beschenkt sie und wird dadurch oft selbst beschenkt.

Nun ist Zeit haben ja etwas sehr Relatives. Wie viel ist „viel Zeit" und wie viel ist „wenig Zeit"? Das kommt ganz auf die Umstände und den Anlass an.

Ein Arzt kann in seiner Sprechstunde für einen Patienten keine 60 Minuten zur Verfügung stellen. Da gelten 15 Minuten als reichlich.

Ein Baby kann man nicht in fünf Minuten stillen und wickeln.

Eine Kassiererin im Supermarkt kann im Hochbetrieb nicht drei Minuten lang mit einer Kundin reden. Zehn Sekunden darauf zu warten, bis der 90-Jährige seine Münzen aus dem Geldbeutel herausgesucht hat, sind dagegen eine lange Zeit des Wertschätzens.

Für frisch Verliebte sind zwei Stunden Zeit füreinander an einem normalen Wochenende wie der Tropfen auf einem heißen Stein. Ist der eine von ihnen aber in konzen-

trierten Prüfungsvorbereitungen, so bedeuten zwei Stunden freie Zeit miteinander viel mehr.

Der Maßstab für die „Menge" an Zeit, die ich für den jeweiligen Menschen habe, könnte doch lauten: Ich widme dem anderen so viel Wertschätzung in Form von Zeit, dass es seiner Menschenwürde entspricht. Natürlich ist dies ein dehnbarer Maßstab. Doch entscheidend ist, dass hier überhaupt die Würde ins Spiel kommt.

Nicht ohne Grund beklagen Pflegekräfte in Krankenhäusern und Pflegeheimen den Mangel an Zeit für die Patienten als am meisten belastend. Sie spüren genau, dass mehr Zeit intensivere Zuwendung bedeutet. Zuwendung aber bedeutet Kontakt und Begegnung. Begegnung würdigt den Menschen als ein Beziehungswesen.

In einer mittelständischen Textilfirma war es vor 50 Jahren noch üblich, dass die drei Geschäftsführer jeden Morgen durch ihren Betrieb gingen und vor den Mitarbeitern, die sie jeweils trafen, den Hut zogen. Noch nach Jahrzehnten sprachen pensionierte Mitarbeiter die ebenfalls pensionierten Geschäftsführer an mit Sätzen wie: „Ja, damals, da haben Sie den Hut vor uns gezogen. Da fühlten wir uns wertvoll. Leider ist das inzwischen völlig anders geworden. Jetzt kennen die von der Leitung ihre Leute nicht mehr." Es waren nur wenige Augenblicke der Aufmerksamkeit, die die Geschäftsführer ihren Arbeitern zuwendeten. In diesen erfuhren sie eine Würdigung ihrer Arbeit und Person.

Wohlgemerkt, es handelt sich bei der Würdigung oft nur um die Dauer eines Augenblicks, nämlich um die Zeit, die ein *Auge* benötigt, um den anderen anzu*blicken*!

Es gibt nun allerdings auch *Zeiträuber*. Das sind Menschen, die es verstehen, andere so in Beschlag zu nehmen, dass es schon einem Zeitdiebstahl gleicht. Sie rufen an oder man trifft sie auf der Straße. Und dann erzählen sie langatmig die bedeutungslosesten Dinge. Sie hören sich gerne reden und fragen nicht ein einziges Mal zurück. Es scheint keinen Unterschied zu machen, wer oder ob überhaupt jemand bei ihnen steht oder am anderen Ende der Leitung ist. Es findet eine sehr einseitige Kommunikation statt. In diesem Fall ist Kontakt aufnehmen und Zeit haben auf Dauer nicht angebracht. Damit unterstützt man egoistische Gewohnheiten, die diese Menschen nicht fördern. Sie werden, wenn wir ihnen unser Ohr und unsere Geduld leihen, immer unsozialer. Denn ihr Appetit wird nie befriedigt sein. Hier gilt es, sich abzugrenzen und ein Gespräch gegebenenfalls auch abzubrechen.

Zuhören

Zuhören ist meinem Eindruck nach die allerseltenste Fähigkeit, die es in unserer Zeit gibt. Es gibt zwar viele Menschen, die hören können, aber nur sehr wenige, die wirklich *zu*hören. Außer den ganz Schüchternen reden die meisten am liebsten selbst. Oder wenn sie zuhören, dann warten sie unbewusst auf ein Stichwort, das als Sprungbrett für eigene Erlebnisse dient, wie der folgende Dialog demonstriert:

Das Telefon klingelt. Dirk nimmt ab. „Dirk Dinkel." „Hallo Dirk, hier ist Reinhard. Ich wollte wieder mal fragen, wie es dir geht. Hab lang nichts von dir gehört." „Das ist ja nett, Danke für's Nachfragen. Also eigentlich geht es mir ganz gut. Nur meine Frau kam gestern ins Krankenhaus mit einer Thrombose. Da bin ich etwas besorgt!" „Ach du Schreck. Aber das ist nicht so schlimm, Ute hatte das auch schon. Sie denkt kaum mehr dran." „Na ja, wir wollen sehen, wie es weitergeht." „Weißt du schon, Dirk, dass wir eine Israelreise machen werden? Am kommenden Samstag geht's los. Wir haben uns gründlich darauf vorbereitet. Wenn wir zurück sind, zeigen wir euch unsere Bilder." „Das ist ja schön, Reinhard. Wir werden, wenn es meiner Frau besser geht, ein paar Tage in den Schwarzwald fahren." „Mensch, da müsst ihr unbedingt nach Freudenstadt und zu den Triberger Wasserfällen. Auch die Klosterkirche in Alpirsbach lohnt sich. Wir haben da ein wunderbares Konzert gehört." „Hmm." „Gestern bekam ich eine Einladung zum Klassentreffen in Stuttgart. Das neue Daimlermuseum steht auch auf dem Programm. Es muss ja der Hit sein. Ich nehm' meine Filmkamera mit. Dann kann ich dir das mal vorführen. Also, eine gute Zeit dir und deiner Frau."

Reinhard hat hier gar nicht richtig zugehört. Er hat zwar nach Dirk gefragt, allerdings nur der Form nach. Im Gespräch hat er das Kommando übernommen und seine ihm wichtigen Dinge angebracht. Dirks Sorge um seine Frau hat er kaum bemerkt.

Ein echter Zuhörer stellt sich ganz auf sein Gegenüber ein und lässt sich erzählen, was er auf dem Herzen hat. Wenn der andere dann ihn fragt, muss er sich nicht zurückhalten, sondern darf erzählen. Es gibt nichts Kostbareres als ein Gespräch unter Freunden, bei dem jeder in ausgewogenem Maß sowohl reden als auch zuhören kann.

Dale Carnegie hat in unnachahmlicher Weise Erfahrungen aus dem menschlichen Miteinander zu Papier gebracht, so auch über das Zuhören.

„Zuhören ist nicht nur im Geschäft, sondern auch zu Hause in der Familie wichtig. Eine viel beschäftigte Hausfrau und Mutter hat es sich zur Pflicht gemacht, aufmerksam zuzuhören, wenn eines ihrer Kinder sie sprechen wollte. Eines Abends saß sie mit ihrem jüngsten Sohn in der Küche, als dieser nach einem kurzen Gespräch über ein Problem, das ihn beschäftigt hatte, erklärte: ‚Ich weiß, dass du mich sehr gern hast, Mama.' Gerührt gab sie zur Antwort: ‚Natürlich habe ich dich sehr gern. Hast du jemals daran gezweifelt?' ‚Nein', entgegnete der Junge, ‚aber ich bin ganz sicher, dass du mich gern hast, denn immer, wenn ich über etwas mit dir sprechen möchte, legst

du deine Arbeit ab und hörst mir zu.'"[8] Und er erteilt den ironischen Rat: *„Wenn Sie wollen, dass Ihnen die Menschen aus dem Weg gehen, hinter Ihrem Rücken über Sie lachen oder Sie gar verachten, dann kann ich Ihnen folgenden Rat geben: Hören Sie nie jemandem längere Zeit zu. Sprechen Sie unablässig von sich selber. Wenn Ihnen etwas in den Sinn kommt, während der andere noch spricht, dann warten Sie nicht, bis er ausgeredet hat: Fallen Sie ihm ins Wort und unterbrechen Sie ihn mitten im Satz."*[9]

Diesen Rat kann man aber auch umkehren in einen positiven: Wenn Sie wollen, dass ein Mensch sich wertgeschätzt fühlt und im Gegenzug auch Sie mag, dann hören Sie ihm längere Zeit zu. Lassen Sie ihn von sich erzählen. Wenn Ihnen etwas in den Sinn kommt, während der andere noch spricht, dann warten Sie, bis er ausgeredet hat.

Zuhören bedeutet, dass man sich selbst aus dem Mittelpunkt herausnimmt, eben nicht im Mittelpunkt stehen will. Vielmehr lässt man den anderen zur Geltung kommen. Er darf etwas gelten, indem ich ihm Raum gebe und Zeit schenke. Er soll und darf in dieser Zeit das Gefühl bekommen, nur mit mir allein auf der Welt zu sein. Geduldiges Zuhören entfaltet eine ungeahnte Wirkung auf den anderen. Es kann ihm helfen, sein Problem klarer zu erkennen. Es können sich Gedanken ordnen. Ein Konfliktherd kann sich sogar einfach dadurch auflösen, dass man keine guten Ratschläge erteilt, sondern aufmerksam zugehört hat. *„Wenn jemand zu mir kommt, der etwas auf dem Herzen hat, lasse*

---

8 Dale Carnegie, Wie man Freunde gewinnt, München 2004, S.115.

9 Ebd., S.121.

ich ihn reden, höre zu, und oft brauche ich selbst dann gar nichts mehr zu sagen. Meistens heißt es irgendwann: ‚Ach, weißt du was? Ich glaube, so tragisch ist das gar nicht.' Oder: ‚Eigentlich sollte ich das und das machen.' – ‚Du hast recht', lautet mein einziger Kommentar zu einem solchen Gespräch, zu dem ich außer konzentrierter Aufmerksamkeit nichts beigesteuert habe."[10]

10 Notker Wolf und Enrica Rosanna, Die Kunst, Menschen zu führen, Hamburg 2007, S.125.

Sprechen

Aus dem Buch des Predigers wissen wir – und unsere eigene Erfahrung bestätigt es: *Schweigen hat seine Zeit, reden hat seine Zeit. (Prediger 3,7)* Ebenso wie das Schweigen und Zuhören als Zeichen der Wertschätzung, so hat auch das Reden seine Zeit. Ja, ich würde sogar behaupten: Das wesentlichste Organ, mit dem wir Wertschätzung praktizieren können, ist der Mund, es sei denn, ein Mensch hört nichts oder kaum mehr. Aber auch die Gehörlosen- beziehungsweise Gebärdensprache ist ja eigentlich eine in Zeichen übersetzte *Sprache.* Sie drückt in Zeichen aus, was man mit gesprochenen Worten vermitteln möchte.

Worte sind das vorrangige und faszinierendste Instrument, um eine Brücke zum anderen Menschen zu schlagen. Daher ist es so enorm wichtig, Kindern von Anfang an einen reichen Wortschatz mitzugeben. Es bewährt sich, nicht in Babysprache mit ihnen zu reden, sondern ganz normal. Wer seine Muttersprache gut beherrscht, hat auch Zugang zu seinen eigenen Gedanken und Gefühlen. Er kann sie ausdrücken. Und umgekehrt kann er sich auch in die Welt der anderen einfühlen und diese Einfühlung zum Ausdruck bringen. Das ist Wertschätzung!

Es geht darum, mit unseren Worten dem anderen zu signalisieren: Ich nehme dich ernst. Ich achte dich. Ich beschäftige mich mit dem, was du erlebst. Ich respektiere dein Leben. Ich mache Entdeckungen über dich.

Wertschätzung heißt: Dem anderen gegenüber mit Worten zum Ausdruck bringen, was man Wertvolles an ihm entdeckt hat.

Es ist eigenartig: Vieles, was uns positiv am anderen auffällt, bringen wir gar nicht zum Ausdruck. Es fällt uns eben auf, und nichts weiter. Es macht aber einen großen Unterschied für unser Gegenüber, ob wir das in Worte fassen. Das In-Worte-Fassen „beweist" geradezu: Ich habe mich mit dem anderen beschäftigt. Ich habe ihn auf mich wirken lassen. Ich habe Zeit mit ihm verbracht. Ich habe mich ihm zugewendet. Ich habe Leben mit ihm geteilt. Es bedeutet: Du bist es mir wert, meine Zeit mit dir zu verbringen. Dies ist die Vorraussetzung, um überhaupt Entdeckungen aneinander zu machen. Und wer dann etwas entdeckt hat, kann es auch in Worte fassen.

Es tut uns auf eigenartige Weise gut, Entdeckungen des anderen an uns durch seinen Mund zu hören. *Warum ist das so?* Weil wir uns erst im Gegenüber als eigene Person erfahren. Wir brauchen den anderen, um zu uns selbst zu finden.

Je genauer und differenzierter die Entdeckungen sind und beschrieben werden, desto wohltuender und überraschender die Erfahrung: „Ach, so bin ich also?" „Die bin ich?" „So wirke ich?" Man lernt sich selbst erst durch die anderen kennen. Insofern verhelfen wir einander durch das Mit-Teilen der Entdeckungen zum persönlichen Sich-selbst-Kennenlernen. Das wiederum stärkt das Selbstwertgefühl. Und es findet statt, was Martin Buber in einem wesentlichen Satz ausdrückt: *„Alles wirkliche Leben ist Begegnung."*

Wie oft drücken wir nicht aus, was uns an jemandem gefallen hat. Oder wir gebrauchen nur Floskeln wie: *„Das ist toll, was du gemacht hast!" „Schön." „Nicht schlecht." „Klasse!" „Vielen Dank für alles!"*

Wenn wir aber wirklich etwas Spezielles entdeckt haben oder uns etwas Bestimmtes gefällt, dann ist es auch wert, das in beschreibende Worte zu fassen.

So könnten zum Beispiel Beschreibungen von Entdeckungen aussehen:

- *Du kannst mir Zusammenhänge richtig gut erklären, sodass ich sie verstehen kann.*
- *Du hörst meistens gut zu, ohne mich zu unterbrechen.*
- *Du vermittelst mir oft das Gefühl, wichtig und einmalig zu sein. Das tut gut.*
- *Du kannst gut mit Zahlen umgehen. Bin ich froh, dass du bei der Steuererklärung durchblickst! Und es kommt sogar noch etwas dabei heraus!*
- *Es gefällt mir, wie du so ansteckend lachst und gute Stimmung verbreitest.*
- *Du bist kämpferisch und mutig. Ich hätte schon längst aufgegeben.*
- *Du kannst eine heftige Diskussion durchstehen, ohne beleidigt zu sein. Da kann ich was von dir lernen.*
- *Du hast eine Eselsgeduld. Ich wäre längst explodiert.*
- *Du hast die Fähigkeit, eine behagliche Atmosphäre zu schaffen.*
- *Bei dir passt immer alles so gut zusammen: wie du angezogen bist, wie du Tischdecken und Servietten auswählst, wie du die Blumen arrangierst. Das ist wirklich schön!*
- *Mir ist aufgefallen: Du kommst immer pünktlich und lässt andere nicht unnötig warten.*
- *Du hast Humor und bist witzig. Da fühle ich mich gleich befreit und nicht so unter Druck.*

- *Du strahlst Ruhe aus. Ich glaube deshalb, weil du erst zuhörst, bevor du redest.*
- *Du kannst Fehler zugeben.*

Gute Führungskräfte in einer Firma wissen, dass das ausgesprochene Lob ein wichtiges Hilfsmittel im Umgang mit ihren Mitarbeitern darstellt. Sie haben erkannt, dass sie sie damit enorm fördern und damit zu guten Leistungen anspornen können. Dabei gilt es aber zu beachten, dass das Lob keine Lobhudelei, sondern sachlich berechtigt und echt ist. Ansonsten schadet es mehr, als dass es aufbaut. Boris Grundl merkt an: *„Du weißt bereits, dass Schmeichelei schadet. Dein Lob darf niemals anbiedernd wirken. Es gilt: Je unpräziser ein Lob, desto billiger ist es zu haben … Lobe darum immer präzise.“*[11]

Grundl empfiehlt einem Menschen in einer Leitungsposition: *„Halte dich an den folgenden Vier-Schritte-Plan:*

- *Erster Schritt: Sag,* ***was*** *dir gut gefallen hat.*
- *Zweiter Schritt: Erkläre genau****, wo, wie und wann*** *dir das aufgefallen ist.*
- *Dritter Schritt: Teil dem Mitarbeiter mit,* ***warum*** *dir das so gut gefällt, …*
- *Vierter Schritt: Ermutige den Mitarbeiter, so* ***weiter****zuarbeiten.“*[12]

Diese Empfehlung lässt sich ohne Weiteres im privaten oder ehrenamtlichen Bereich anwenden. Auch in der Erziehung der Kinder sind diese Vorschläge sehr hilfreich.

---

11 Boris Grundl und Bodo Schäfer, Leading Simple, Offenbach 2007, S.153.

12 Grundl/Schäfer, aaO., S.153.

Fragen stellen

Fragen zu stellen ist die einfachste Form, in Kontakt zum anderen zu treten. Indem ich eine Frage stelle, baue ich die erste Brücke zum anderen. Ich bekunde mein Interesse an ihm. Die einfachste Frage ist die meist gestellte: *Wie geht es dir? Wie geht es Ihnen?*

Es ist zunächst einmal gut, diese Frage zu stellen. Sie ist ein Türöffner. Der andere kann frei erzählen, was er möchte.

Einerseits wird sich jemand ermutigt fühlen, sein Herz weit zu öffnen:

Hanni ruft mal wieder Annika an, die vor einem halben Jahr schwer krank gewesen war. Sie würde gerne wissen, wie ihr aktuelles Befinden ist. Hanni: „Hallo Annika, wie geht's dir?" Annika: „Du, mir geht's gut, ich war heute nach der Arbeit pünktlich zu Hause. Ich hatte Zeit, meine Beete zu jäten. Die Jungs waren im Fußballtraining. Dann hab ich Mirabellen geerntet. Viele lagen auf dem Boden, die waren faul. Ich musste sie erst mal auf den Kompost schaffen. Dann waren es etwa drei große Eimer voll. Morgen werde ich aus der einen Hälfte Marmelade kochen und die andere Hälfte einfrieren. Am Wochenende werde ich einmal ein Rezept für Mirabellenkuchen ausprobieren. Das hab ich noch nie gemacht. Du vielleicht?" Hanni: „Nein, auch noch nie." Annika: „Also ich sag dir dann, ob er lecker geworden ist. Weißt du was, ich hab heute die Moni im Lidl getroffen. Sie hat mir von dem Gitarrenkurs erzählt, den sie im Herbst in ihrer Kirche anbietet. Ich will mir echt überlegen, ob ich mir nicht eine Gitarre zum Geburtstag wünsche. Du, jetzt klingelt's an der Haustür, ich muss Schluss machen. Mach's gut!" *Hanni: „Ja, tschüss."*

Andererseits ist es auch möglich, dass die Antwort sehr knapp ausfällt:

Christa trifft Ronny, den schüchternen Kollegen aus ihrer Firma, bei einem Gitarrenkonzert. In der Pause versucht Christa, eine Unterhaltung in Gang zu bringen. Christa: „Hallo Ronny, wie geht es Ihnen?" Ronny: „Gut, danke!"

Wir merken an diesen beiden Beispielen, wie die allgemeine *Frage „Wie geht es dir/Ihnen?"* ganz unterschiedliche Antworten hervorrufen kann. Annika hat die Frage als Aufhänger dafür verstanden, aufzuzählen, was sie *getan* hat, und nicht, *wie* es ihr geht. Ronny wiederum begnügt sich damit, auf diese Frage fast nichts zu sagen. Das muss man zunächst respektieren. Will man dem anderen die Gelegenheit geben, etwas Wesentliches über sich persönlich und nicht nur Oberflächliches zu sagen, könnte man das Fragenrepertoire aber auch variieren. Es ist nämlich hilfreich *qualifiziert* zu fragen, also *genauer, differenzierter, offener,* je nach Gegenüber.

Bei Annika vielleicht so: *„Hallo Annika, ich hab lange nichts mehr von dir gehört. Ich habe mich gefragt, wie du dich nach der Operation und der Reha inzwischen fühlst? Willst du mir davon erzählen? Passt dir's gerade oder soll ich zu einer anderen Zeit anrufen?"*

Bei Ronny möglicherweise so: *„Guten Abend, Ronny,*

das ist ja eine Überraschung, dass ich Sie hier treffe. Wie kommt's, dass Sie hier sind? Seit wann interessieren Sie sich für Gitarrenmusik?" Nun ist Ronny fast „gezwungen", etwas mehr über sich zu erzählen.

Wir können viele interessante Gespräche führen, wenn wir auch interessante Fragen stellen. Und interessante Fragen zu stellen, ist auch ein Zeichen von Wertschätzung, von Interesse am anderen. Wir *denken* solche Fragen oft, aber wir *stellen* sie nicht.
Möglichkeiten:

- *Was sind zurzeit Ihre größten Herausforderungen?*
- *Was beschäftigt Sie im Moment besonders?*
- *Was freut Sie an Ihrer Arbeit?*
- *Wie feiert(e) man in Ihrer Familie Geburtstag/Weihnachten/Ostern?*
- *Wann bist du richtig glücklich?*
- *Welche Art von Büchern liest du? Welches hat dich in letzter Zeit besonders beeindruckt?*
- *Welche Musik magst du gerne? Hast du ein Lieblingsstück? Würdest du es mich mal hören lassen? Was genau löst diese Musik bei dir aus?*
- *Was würdest du auf eine einsame Insel mitnehmen?*
- *Was bedeutet es für dich, Freundin/Freund zu sein?*
- *Welchen Erdteil oder welches Land würdest du gerne bereisen, und warum?*

Hier noch ein paar ungewöhnliche Fragen. Sie sind aus dem Spiel „*THE ungame*" entnommen.

- *Wie stellst du fest, ob etwas recht oder unrecht ist?*
- *In welchen Dingen bist du wie dein Vater? Wie findest du das?*

- *Bist du in deinem Leben schon mit Armut in Verbindung gekommen? Erzähle!*
- *Welcher Person in der Bibel bist du am ähnlichsten?*
- *Jesus wusch die Füße seiner Jünger. Wie würdest du dir vorkommen, wenn jemand dir die Füße waschen wollte?*
- *Gibt es Dinge, für die du dir zu alt vorkommst? Warum kommst du dir zu alt vor?*
- *Was für Dinge bringen dich zum Weinen?*
- *Wie stellst du dir den Himmel vor?*[13]

Die Fragen auf den Karten des Spiels sollen Menschen auf eine neue Weise einander näherbringen. Man könnte diese Fragen, wenn man mutig genug ist, allerdings auch ohne Spielanlass stellen, einfach aus Interesse an der Meinung des anderen.

---

13 Aus: Das Kommunikationsspiel THE ungame, Stuttgart 1992.

Differenzierte danken

Iris und Bernd waren bei einem befreundeten Ehepaar zum Grillen eingeladen. Der Freund hatte verschiedene Würstchen, Champignons und Gemüse gegrillt. Die Freundin verschiedene Salate gemacht, zum Nachtisch gab es Obstsalat.

Am nächsten Vormittag rief Iris bei der Freundin an, um sich nochmals zu bedanken. Das allein ist schon eine schöne Geste der Wertschätzung. Iris sagte gut gelaunt: „Hallo, Annette, ich wollte mich noch einmal für den schönen Abend gestern bedanken." Annette: „Das ist aber nett, hat es euch gefallen?" Iris: „Ja, sehr, es war so gemütlich. Auch Bernd war auf der Heimfahrt gut gelaunt. Nochmals liebe Grüße an Roland. Mach's gut!" Annette: „Tschüss, Iris!"

Dass Iris bei ihren Gastgebern anruft, ist höflich und nett. Doch es könnte den Dank noch wertschätzender machen, wenn Iris genauer beschreiben würde, *was genau* ihr und Bernd denn gefallen beziehungsweise geschmeckt hat:

„Guten Morgen, Annette, hast du gut geschlafen nach dem gemütlichen Abend gestern? Bernd und ich möchten euch nochmals herzlich Danke sagen. Ihr habt alles so appetitlich vorbereitet. Deine Salate waren wie immer köstlich. Besonders der Chicoreesalat mit den Mandarinen und Walnüssen hat es mir angetan. Dazu diese gegrillten Champignons mit Kräuterbutter. Das probier ich

auch mal aus. Bernd hat sich natürlich an die Käsegriller gehalten. Die mag er besonders. Aber das Beste war, dass ihr euch für uns Zeit genommen habt. Es tat so gut, sich über unsere Familien auszutauschen. Jetzt sehen wir manche Probleme mit unseren Teenagern wieder lockerer. Sag auch Roland, dass wir uns bei euch sehr wohl gefühlt haben.“

Es kann aber durchaus auch gerade in der Kürze die wertschätzende Würze liegen, per Karte oder E-mail:

- *„Einfach DANKE für gestern Abend!“*
- *„Ihr habt: zugehört, nachgefragt, mitgefühlt, verstanden! Danke!“*
- *„Snacks lecker. Wein hervorragend. Eis fruchtig-köstlich. Gespräche zu (unseren) Herzen gehend. Wir als eure Gäste dankbar.“*
- *„Wiederauflage einer so erfrischenden Walking-Zeit wie gestern erwünscht! Wie wär's nächste Woche? Gleiche Welle, gleiche Stelle!“*

Für den, der schreibt, lösen die Entdeckungen, die er in Worte fasst, ebenfalls Freude aus. Denn sie entstehen ja aus der nochmaligen, intensiven Beschäftigung mit den beteiligten Menschen.

Mit Liebe schenken

„Kleine Geschenke erhalten die Freundschaft", sagt das geflügelte Wort. Und die Betonung liegt auf *klein*. Ein Geschenk sollte immer ein Zeichen für die Wertschätzung des Beschenkten sein. Das kann für Wohlhabende schon mal das Porzellanservice für die Ehefrau sein oder das Auto zum Abitur des Junior, der bequeme Sessel für den Vater zum 80. Geburtstag. Doch ob reich oder arm, die vergleichsweise großen Geschenke sind nicht das, was uns im tiefsten glücklich macht. Es sind vielmehr kleine Zeichen der Aufmerksamkeit, die uns das Herz wärmen.

Im Flur von Bekannten stand ein kleines Körbchen mit Süßigkeiten. Wer unerwartet läutete, dem wurde angeboten, sich aus dem Körbchen etwas zu nehmen. Das fand ich schön, nun steht bei uns auch ein gefüllter Teller bereit. Darin liegen abwechselnd Schokoladentäfelchen, Ferreroküsschen, Schokoriegel oder eine andere Aufmerksamkeit. Es kommen doch so manche Leute an die Tür: die Postbotin, die das Päckchen abgibt, der Stromableser, die Kinder, die fürs Tierheim sammeln, der UPS-Mann, der eine Unterschrift braucht, oder der Mann vom Tiefkühlservice. Ich frage dann: „Mögen Sie gerne etwas Süßes?" „Mögen Sie etwas für die kleine Pause zwischendurch?" Kaum einer lehnt ab. Im Gegenteil, oft ernte ich ein überraschtes, zustimmendes Lächeln. Ein kleiner Moment der Wertschätzung mit schöner Wirkung – für beide Seiten!
In einem Stadtteil gab es eine kleine Filiale der Stadtbü-

cherei. Maria war mit ihren vier Kindern regelmäßig dort zu finden. Mit der einzigen Büchereikraft, einer jungen Frau, entwickelte sich im Lauf der Zeit ein nettes Verhältnis. Eines Tages eröffnete sie Maria, dass sie nicht mehr lange da sei. Der Grund: ihre Schwangerschaft. Maria meinte, das sei doch sehr erfreulich. Sie erklärte dann, dass sie ungewollt schwanger sei und noch nicht recht wisse, ob sie den Vater heiraten würde. Zu Hause beschäftigte Maria das Gehörte weiter. Maria wollte ihr einfach ein Zeichen der Unterstützung und Ermutigung geben und schenkte ihr beim nächsten Besuch der Bücherei einen Babypullover. Sie war sehr überrascht darüber und bedankte sich. Danach verloren sie den Kontakt. Einige Jahre später war Maria im örtlichen Hallenbad. Da sprach jene Frau sie an: „Erinnern Sie sich noch an mich? Sie waren doch immer in der Bücherei und haben mir, als ich schwanger war, einen Babypullover geschenkt und mich ermutigt. Das habe ich nie vergessen." Im Schlepptau hatte sie drei quirlige Kinder. Sie erzählte, dass sie den Vater des ersten Kindes geheiratet und noch weitere Kinder bekommen hatte und es ihr gut ginge. Maria war natürlich glücklich: Ihr spontaner Impuls hatte seine Absicht nicht verfehlt: zu ermutigen und Wertschätzung auszudrücken.

Besonders bei „kleinen" Einladungen zum Geburtstag, zu einem Abendessen oder Frühstück bedeutet es ein Zeichen von Wertschätzung, den anderen nicht durch zu üppige Mitbringsel in Zugzwang zu bringen. Viel netter ist es doch, wenn man ein kleines *Symbol*, etwas *Selbstgemachtes* oder etwas zum *Verbrauchen* überreicht.

Das ***Symbol*** gibt wieder, dass man sich Gedanken gemacht hat über den anderen und seine spezielle Lage. *Kürzlich brachte mir eine Freundin zum Frühstück statt* *eines Blumenstraußes einfach eine Karte mit ein paar Sonnenblumen darauf mit. Dazu sagte sie: „Irene, hier bringe ich dir einen Sonnenblumenstrauß mit!“ Ich fand das sehr originell und hebe die Karte immer noch auf.*

Eine Süßwarenfirma hat einige sehr ansprechende symbolträchtige Produkte in ihrem Sortiment. In ihnen steckt gleich eine Botschaft drin, die man beim Verschenken mitliefert. Die kleinen Packungen tragen Namen wie Trostschokolade, Gute-Laune-Drops, Mutmach-Marmelade, Nervennahrung, Prüfungspuffer oder Frustschutzbärchen.

Etwas Symbolisches ist auch ein Gutschein, der genau zur Person passt, zum Beispiel:

- *zwei Stunden beim Tomatenpflanzen helfen*
- *einen Korb Wäsche bügeln*
- *bei der Steuererklärung helfen*
- *die Reifen wechseln*
- *ein Stockwerk Fenster putzen*
- *einen Kuchen/Pizza/Salat/Eintopf zu einem gewünschten Zeitpunkt abliefern*
- *einen Abend lang das Lieblingsspiel des Beschenkten spielen*

Im ***Selbstgemachten*** spiegelt sich die Zeit wider, die man sich für den anderen genommen hat, ebenso die damit verbundene Sorgfalt und Liebe.

Meine Mutter hat zu Geburtstagen oft eine Linzer Torte gebacken. Da wurde die entsprechende Jahreszahl in das Teiggitter eingefügt. Auf einigen Fotos von früheren Fa-

milienfesten sind diese Kuchen zu entdecken. Diese Tradition habe ich für mich übernommen. Ich habe Freude daran, mir dafür genügend Zeit zu nehmen und für den entsprechenden Anlass die Motive zu suchen. Bei einer Doppelkonfirmation einer Nichte mit ihrer Freundin tauchten auf dem rechteckigen Kuchen ihre Initialen und einige Motive und Symbole auf, die mit Konfirmation zu tun haben: ein dreieckiges Gottesauge, ein Brotlaib und eine Weinrebe, eine Taube, ein Musikinstrument, eine Kirche und ein Hahn.

Darüber haben wir uns im Lauf der Zeit zum Beispiel schon freuen können, geschenkt von Freunden oder Verwandten:

- *Gebatikte Krawatten*
- *Ein bemaltes Seiden-Halstuch*
- *Holzeierbecher in Brenntechnik, begonnen bei der Hochzeit und dann bei jedem Kind ergänzt, mit den jeweiligen Initialen. Noch heute werden sie – obwohl nicht mehr der letzte Schrei – mit Nostalgie benutzt*
- *Ein kleines Erinnerungsbüchlein der Jugendgruppe, als wir für einige Monate nach Indien reisten*
- *Gedichte*
- *Zeichnungen*
- *Eine extra zusammengestellte Kassette beziehungsweise CD mit Musik nach meinem Geschmack*

Das ***Verbrauchbare*** zeigt: Man nimmt – besonders bei älteren Menschen – den Wunsch ernst, nicht noch mehr „Ballast" aufzuhäufen.

Hier einige Erfahrungen und Ideen:

- *Eine Auswahl an Geschenkpapieren oder -tüten*
- *eine Tüte Müsli plus eine Flasche Landmilch*
- *ein Korb mit Nudeln*
- *eine Packung Edelreis*
- *eine Schale Obst je nach Saison*
- *ein Glas Honig und zwei frische Brötchen dazu*
- *ein Glas besondere Marmelade, zum Beispiel mit Orange oder Ingwer (Geschmack beachten)*
- *einen (einzigen!) Hering für Fischfreunde*

Wir waren nach Franken umgezogen. Wie freuten wir uns, als uns Besucher eine Tüte mit haltbarem Sauerkraut und eingeschweißten fränkischen Bratwürsten mitbrachten.

Es ist immer wieder die liebevolle Geste, die ein Geschenk zu etwas Besonderem macht.

Ein bekannter Pfarrer mit Sinn für Humor schenkte vor Jahren manchem Mitarbeiter spontan 20 DM mit dem Satz „Kaufen Sie etwas für sich und Ihre Frau, aber es sollte etwas Weltliches sein." Zu Weihnachten ließ er seinen Freunden frischen Aal aus Hamburg schicken.

Eine Tante ließ uns einige Jahre lang pünktlich zum 1. Advent von einer Nürnberger Firma ein großes Paket Lebkuchen zukommen. Auf dem Post-Aufkleber entdeckten wir dann: „Ein lieber Gruß von Tante T.!" Das war für unsere große Familie immer ein echter Hit.

Manchmal ist es wichtiger, einen Wunsch zu äußern, anstatt andere zu beschenken. Vielmehr ist die Bitte selbst schon eine Wertschätzung des anderen Menschen. Denn man gibt ihm Gelegenheit, etwas geben zu können. Ich wandle gerne den bekannten Bibelvers *„Geben ist seliger als nehmen."* (Apostelgeschichte 20,35) in sein Gegenteil ab: *Manchmal ist nehmen seliger als geben.* Indem ich mir vom anderen etwas geben lasse, beschenke ich ihn und mich gleichermaßen.

Ines fuhr zu ihrem Sohn und seiner Frau. Sie hatte dort ein Klassentreffen und übernachtete bei den beiden. Nach dem Frühstück gingen Axel und Katja zur Arbeit und Ines hatte noch Zeit, bis ihr Zug am Nachmittag abfuhr. Katja hatte ihr einen großen Korb mit gewaschenen Hemden und T-Shirts hingestellt mit den Worten: „Mama Ines, du bügelst doch so gern. Ich wär soo froh, wenn der Berg ein wenig kleiner würde." Ines wusch erst einmal das Geschirr und räumte die Küche auf. Dann bügelte sie den ganzen Korb leer. Sie hing dabei ihren Gedanken nach: „Ich freu mich, dass Katja mich überhaupt um diesen Gefallen bittet. Sie fühlt sich mir gegenüber also frei genug. Ich selbst hätte das nie bei meiner eigenen Schwiegermutter gewagt. Sie wäre wahrscheinlich entsetzt gewesen, dass ich mit meinem Haushalt gar nicht über die Runden komme. Dieses Gefühl wollte ich einer Schwiegertochter einmal nie geben." Sie legte die Wäsche schön gestapelt und sortiert auf den Esstisch. Ihr Blick fiel auf die Fensterbank. Sie entdeckte, dass es einige verwelkte Blätter gab. Sie zupfte alles ab, goss die Pflanzen, wischte das Fensterbrett ab. Und da sie nun schon in Aktion war, wischte sie gleich noch die Scheibe des Blumenfensters sauber. Zuletzt fiel ihr ein, sie könnte doch mit den letzten Eiern im Kühlschrank und ein paar Zutaten im Vorratsschrank noch einen Marmorkuchen backen. Den stellte sie zu der Wäsche, schrieb ein Zettelchen dazu „Es war schön bei euch, lasst euch den Kuchen gut schmecken. Ich komme gerne wieder! Eure Mama Ines" und verließ zufrieden die Wohnung.

Am späten Abend hörte sie die zwei Piepser, die anzeigten, dass eine SMS auf ihrem Handy angekommen war. Sie las: „Du liebes Heinzelmännchen, wir danken dir sehr für deinen Sondereinsatz. Eben haben wir noch ein Stück Heinzelkuchen gegessen. Köstlich. Schlaf gut, deine 2." Ines lächelte dankbar.

Wir leben und arbeiten mit Diakonissen. Eine Schwester schenkte uns einen ihrer hervorragenden Apfelkuchen. Als wir eine Familienfeier hatten, fragte ich einige Tage vorher diese Schwester, ob sie uns nicht solch einen Kuchen backen würde. Sie war sehr erfreut darüber, dass ich so unbekümmert diese Bitte an sie richtete. Damit hatte ich sie beschenkt und gewürdigt, ihre Freude darüber hat umgekehrt mich wieder glücklich gemacht. Bei der Feier erwähnte ich dann natürlich, woher dieser leckere Kuchen stammte.

Dasselbe passierte, als ich eine andere Schwester, die gut stricken kann, darum bat, mir einige Pulswärmer für die Handgelenke anzufertigen. Eine weitere stickte mit Freude ein Lätzchen mit dem Namen unseres Enkels.

Manchmal kann man sich sogar dadurch beschenken und wertschätzen, dass man *gar nichts* mitbringt. *Einfach so* zu kommen, nur als Mensch sozusagen, durchbricht den Zwang der Sitte des Mitbringens. Diese Sitte ist ja schön. Man möchte dem anderen Menschen Freude bereiten. Doch machen wir nicht auch die Erfahrung, dass aus etwas Gutem eine Zwangsjacke wird? Man rechnet nach dem Motto *Wie du mir, so ich dir.*

Wertschätzung – für immer und ewig?

Wertgeschätzt von Gott – von Anfang an bis ewig?

Ralph Waldo Emerson, ein amerikanischer Philosoph, hat die diffuse Sehnsucht nach dauerhafter Gültigkeit so ausgedrückt: *„Der flammende Beweis für die Unsterblichkeit ist unsere Unzufriedenheit mit jeder anderen Lösung."* Was wird hier ausgedrückt? Doch wohl dieses: Der Mensch hat in sich eine fast unzerstörbare Hoffnung auf Ewigkeit. Er möchte „auch später noch" vorkommen. Er möchte dauerhaft gelten. Er möchte eine nachhaltige Lebensberechtigung haben. Deshalb schwört er „ewige Liebe". Deshalb freut er sich, wenn ihn jemand „nie vergisst". Deshalb vermisst er einen geliebten Verstorbenen und hofft, ihn eines Tages wiederzusehen. Und deshalb hat er – sollte er nicht völlig abgestumpft sein – bei unwahrem Verhalten ein schlechtes Gewissen, empfindet Schuld und hofft auf Vergebung. Er will nicht im immerwährenden Vergessensein landen, sondern in den ewigen Himmel kommen.

Der blinde Sänger *Andrea Bocelli* singt in einem Lied über die Musik folgende Zeile: *„Manchmal rührt sie mich zu Tränen wie ein unbestimmtes Sehnen."* Was Bocelli damit wohl meint? Mit diesem Unbestimmten? Jedenfalls besingt er ein Sehnen des Menschen, das über ihn selbst hinausreicht.

Woher kommen diese Wünsche, Sehnsüchte, Empfindungen? Sie können doch nicht nur mit biochemischen Vorgängen in Gehirnarealen erklärt werden.

Man sollte sie auch nicht mit einem Achselzucken abtun oder mit allen Arten von Ablenkung betäuben. Stattdessen sollten wir nie aufhören, ihnen auf die Spur zu kommen. Der Mensch will und sucht doch nach Sinn und Wahrheit.

Die Bibel ist für erstaunlich viele Widerwillige und ihr feindlich Gesinnte *das* Buch geworden, das sie endlich ihr Leben und Sehnen verstehen ließ, zum Beispiel für den berühmten Literaturwissenschaftler aus Oxford, *C. S. Lewis* (1898-1963): *„... 1929 lenkte ich ein und gab zu, dass Gott Gott war, und kniete nieder und betete; vielleicht in jener Nacht der niedergeschlagenste und widerwilligste Bekehrte in ganz England.“*[14] Die Bibel ist *das* Buch, das uns von Gott her anspricht. Es ist *das* Buch, das uns wie kein anderes herausfordert zu einer Antwort. Hier wird auch gesagt, wo der *Urhunger* herkommt.

Gott selbst hat die Ewigkeit in unser Herz gepflanzt: *Er hat alles schön gemacht zu seiner Zeit, auch hat er die Ewigkeit in ihr Herz gelegt. (Prediger 3,11)*

14 C. S. Lewis, Überrascht von Freude, Gießen 1994, S.274.

Gottes Wunsch:
Die Menschen sollen leben

Eigentlich ist die ganze Bibel von ihrer Botschaft her eine einzige Wertschätzung Gottes seiner Menschen. Und die Geschichte beginnt ganz vorne. Ein unfassbares Geschehen, eine große Flut vernichtete die gesamte sichtbare Welt – außer Noah und seiner Familie.

An dieser einzelnen Familie zeigt sich: Gott wollte die Menschen erhalten und nicht völlig vernichten. Er wollte ihre Geschichte nicht abreißen lassen. Er wollte nochmals weitermachen. Warum? Dies kann nur deshalb sein, weil Gott etwas an den Menschen liegt! Weil er sie für w e r t hält, für erhaltens w e r t! Gott will weiter Menschen erschaffen. Er demonstriert: *Es soll weitergehen mit dieser Erde!* Dieser unbedingte Wille Gottes zu den Menschen ist allein schon Zeichen der Wertschätzung. Um den oben erwähnten Satz (S. 5) abzuwandeln, könnte man sagen: *Gott will weiterhin Menschen haben – und das genügt.*

Rückblickend betrachtet bringt einen die besondere Geschichte Israels zum Staunen.

Wir lesen und erleben auf diese Weise nach: Da wählt sich Gott aus der neu gewachsenen Menschheit nach der Flut ein besonderes Volk aus, Palästina beziehungsweise Israel.

Gott will unbedingt, dass ein kleiner Volksstamm in Judäa eine ganz besondere und für alle sichtbare Rolle in der Weltgeschichte spielen soll. Gott spricht gewissermaßen: *Mit diesem winzigen Volk werde ich der ganzen Welt etwas Besonderes zeigen. Ich will ihr zeigen, dass mir an ihnen liegt, den Menschen. Ich werde exemplarisch an Israel meine glühende Liebe und Zuneigung zu den Menschen deutlich machen. Es wird eine Geschichte des Ringens und Werbens sein; um das Herz der in Bosheit und Widerstand gegen mich verstrickten Menschen. Eine Geschichte des Ringens und Werbens für Gerechtigkeit und Frieden unter ihnen. Eine Geschichte des Ringens und Werbens um ihre Rettung und Erlösung aus Schuld und Todverfallenheit. Und dann will ich aus diesem Volk einen Erlöser für die ganze Welt und jeden einzelnen Menschen hervorgehen lassen.*

Wieso tut Gott das? Wieso tut er es *so*? Das wissen wir nicht, denn dann wären wir Gott selbst. Aber eines springt ins Auge: Er tut es, weil er seine Menschen, *uns*, unbedingt für immer bei sich haben will. Einfach deshalb, weil er uns *wertschätzt*.

Da ist also diese Geschichte des jüdischen Volkes, in all ihrer Tragik und in ihrem tiefen Ernst. Und da ist das Kommen des Erlösers Jesus Christus. Beides zusammen stellt einen globalen Ausdruck von Gottes Wertschätzung dar: *Mir liegt an dir, lieber Mensch! Mir liegt an dir, liebe Menschheit!*

Der Einzelne ist wichtig

Es gibt Menschen, die sagen: *Das ist ja alles gut und schön. Doch was soll ich mit dieser Völkergeschichte anfangen? Wo komme denn ich persönlich darin vor? Wo komme ich bei Gott persönlich vor?*

Jesus hat oft bewiesen, wie wichtig ihm der einzelne Mann, die einzelne Frau, das einzelne Kind ist. Wir haben einige Beispiele auf den Seiten 68ff. in diesem Buch erwähnt. In den Evangelien sind zahlreiche Begegnungen beschrieben. Er hat den Einzelnen *nicht übersehen*! Wir lesen ihre Namen: Bartimäus, Philippus – oder individuelle, charakteristische Beschreibungen: die Samariterin, die blutflüssige Frau, das Töchterchen des Jairus, der Zweifler Thomas, der kleingestaltige Zachäus oder der reiche Jüngling. Mit jedem dieser Männer, Frauen, Kinder, Freunde und auch Gegner hat Jesus unverwechselbare persönliche Begegnungen erlebt. Warum? *Weil ihm jeder Einzelne wert und wichtig ist.*

Jesus hat diese exemplarischen Begegnungen erzählen und aufschreiben lassen, damit wir wissen sollen: *Auch du, lieber Leser, bist für mich wertvoll und wichtig! Du ganz persönlich!*

Wenn wir uns in eine solche Begegnungsgeschichte lesend und hörend vertiefen, ist Jesus genauso an unserer Seite wie bei jenen. Das ist das Geheimnis der Bibel. Der sogenannte Tröster, der Heilige Geist, „belebt" sozusagen die Worte, die uns Jesus nahebringen. In den erzählten Geschichten ist der gegenwärtige Jesus selbst da – unsichtbar, doch wirklich. Wir können uns das zwar nicht vorstellen, doch es ist deshalb nicht weniger wahr. Nun ist der Glaube des einzelnen Menschen gefragt. Der Glaube, der nicht auf vollständige Erklärungen und Beweise wartet, sondern der sein *Vertrauen* in die Waagschale wirft. „*Es ist aber der Glaube eine feste Zuversicht auf das, was man hofft, und ein Nichtzweifeln an dem, was man nicht sieht.*" *(Hebräer 11,1).* Man müsste ergänzen: eine feste Zuversicht auf *den*, auf den man hofft, und ein Nichtzweifeln an dem, *den* man nicht sieht, nämlich den auferstandenen, aber nicht sichtbaren Jesus Christus.

Wertschätzungsworte der Bibel

Es gibt kein Kapitel in der Bibel, in dem Worte der Wertschätzung aufgelistet wären. Doch im Zusammenhang gelesen tauchen immer wieder prägnante Gottesworte und Worte von Jesus auf, die ausdrücken, wie er uns mit seinen Augen sieht.[15]

Weil du in meinen Augen teuer und w e r t v o l l bist und weil ich dich lieb habe … (Jesaja 43,4)

Seht euch die Vögel des Himmels an: sie säen nicht, sie ernten nicht und sammeln keine Vorräte in Scheunen; euer himmlischer Vater ernährt sie. Seid ihr nicht viel mehr w e r t als sie? (Matthäus 6,26)

Verkauft man nicht zwei Spatzen für ein paar Pfennig? Und doch fällt keiner von ihnen zur Erde ohne den Willen eures Vaters. Bei euch aber sind sogar die Haare auf dem Kopf alle gezählt. Fürchtet euch also nicht! Ihr seid mehr w e r t als viele Spatzen. (Matthäus 10,29-31)

Auch das Gleichnis vom verlorenen Schaf drückt eine innige Liebe Gottes zum unscheinbaren und verirrten einzelnen Menschen aus: … *er freut sich über dieses eine mehr als über die neunundneunzig, die sich nicht verirrt haben. So will auch euer himmlischer Vater nicht, dass einer von diesen Kleinen verloren geht. (Matthäus 18,13f)*

---

15 Die folgenden Bibelstellen werden nach der Ökumenischen Einheitsübersetzung 1979 zitiert.

Kommt alle zu mir, die ihr euch plagt und schwere Lasten zu tragen habt. Ich will euch Ruhe verschaffen. … so werdet ihr Ruhe finden für eure Seele. Denn mein Joch drückt nicht, und meine Last ist leicht. (Matthäus 11,28-30)

Jesus hat ein Herz für die Menschen: *Als er ausstieg und die vielen Menschen sah, hatte er Mitleid mit ihnen; denn sie waren wie Schafe, die keinen Hirten haben. (Markus 6,34)*

Menschen kommen sich oft von Menschen oder gar von Gott verlassen vor. In den Ermutigungen der Bergpredigt vergewissert uns Jesus, wie fürsorglich Gott zu uns ist. Mehrmals betont er zum Beispiel: … *dein Vater, der auch das Verborgene sieht, wird es dir vergelten. (Matthäus 6,4; 6,6; 6,18) Denn euer Vater weiß, was ihr braucht, noch ehe ihr ihn bittet. (Matthäus 6,8)*

Der Wertschätzer, der vom Himmel kommt

Gott hat diesen Jesus Christus aus seiner göttlichen, unsichtbaren Welt mitten hinein in unsere Menschenwelt kommen lassen. Jesus war einer wie wir, aus Fleisch und Blut, mit Lunge und Herz, mit Speiseröhre und Magenpförtner, mit Gefühlen der Freude, der Trauer, der Verzweiflung und der Freundschaft. Er sollte und soll uns suchen, uns aufsuchen im Gestrüpp unseres äußeren und inneren Lebenswirrwarrs. Er soll uns suchen und rufen, vor allem aber finden! Er will uns aus unserer „Verkrümmung in uns selbst" (Luther) behutsam herauslösen, uns gewissermaßen auf seine Arme nehmen und zu einem guten, sicheren Platz bringen. So wie ein Schafhirte ein verirrtes Lamm. Genauso hören wir es im Evangelium: *Ich bin der gute Hirte. … Meine Schafe hören meine Stimme, und ich kenne sie und sie folgen mir. Und ich gebe ihnen das ewige Leben, und sie werden nimmermehr umkommen, und niemand wird sie aus meiner Hand reißen. (Johannes 10,11 und 27f.)* Das heißt Wert für immer und ewig. Wertschätzung von vorne bis hinten, rundum, ohne Ende. Unendlich.

Die Frage ist nur: Lassen wir es zu, dass wir diesem Hirten auffallen? Lassen wir es geschehen, dass er uns nahekommt, dass er uns berührt, dass er uns in die richtige Richtung schubst, dass er uns aus Dornen befreit und auf seine Schultern nimmt?

Im Herzen Gottes reifte dieser Entschluss: Ich lasse statt meiner geliebten, verirrten Menschenkinder einen anderen stellvertretend büßen für all das Böse und Zerstörerische, was von Anfang bis heute diese Welt entstellt. Ich werfe alle Strafen, die die Menschen insgesamt und einzeln verdient hätten, gezielt auf den Rücken eines anderen. Er soll der Sündenbock für alle sein. Ein vorschriftsmäßiger Sündenbock musste aber immer ein völlig unversehrtes, makelloses Tier sein. Also kann nur ein völlig unbelasteter, sündloser, durch und durch reiner Mensch die Sünden der Welt sühnen. Da es den aber nicht gibt, werde ich für solch einen sorgen. *Gott hat den, der von keiner Sünde wusste, für uns zur Sünde gemacht, damit wir in ihm zu solchen Menschen wiederhergestellt werden, die vor Gott bestehen können. (2. Korinther 5,21)*

Oder an anderer Stelle: *Er ist um unserer Missetat willen verwundet und um unserer Sünde willen zerschlagen. Die Strafe liegt auf ihm, auf dass wir Frieden hätten, und durch seine Wunden – die Wunden am Kreuz – sind wir geheilt. (Jesaja 53,5)*

Und unnachahmlich klingt diese Wiedereinsetzung ewiger Wertschätzung:

Denn also hat Gott die Welt geliebt, dass er seinen eingeborenen Sohn gab, damit alle, die an ihn glauben, nicht verloren werden, sondern das ewige Leben haben. (Johannes 3,16)

Wertgeschätzt leben

Wer grundlegend entlastet, entschuldet, versöhnt ist, der kann seinen Blick frei erheben. Dessen Seele wird leicht wie eine Daunenfeder. Der muss seine Zeit nicht damit verschwenden, sich ständig seinen Eigenwert zu verdienen. Wenn ich so wert geachtet bin bis in die Haarspitzen meines Lebens, dann habe ich den Kopf, die Hände, die Füße, die Stimme, Leib und Seele frei! Ich kann mich diesem mich von Herzen liebenden Gott zur Verfügung stellen. Dieser Vater im Himmel selbst öffnet mir die Augen. Er weitet meinen Blick. Er legt mir seine Welt buchstäblich zu Füßen. Ich darf seine beglückenden Schönheiten entdecken:

- *Ich nehme den geschmackvollen Vorhangstoff im Wohnzimmer bei Freunden wahr.*
- *Ich bin begeistert vom Tulpenmeer oder den Edelrosen im Garten anderer Leute.*
- *Ich umarme die Freundin, die an meinen Geburtstag gedacht hat.*
- *Ich genieße die wohlklingende Bassstimme eines Freundes.*
- *Ich versinke in der Musik von Bach, Händel, Mozart oder den Zillertalern – je nach Geschmack.*
- *Ich vergieße Tränen der Rührung über das neugeborene Enkel-, Paten- oder Nachbarskind.*
- *Ich atme den Duft des Schwarzwalds oder der Lüneburger Heide.*

- *Ich komponiere Mahlzeiten aus den köstlichen Zutaten, die Gott der Schöpfer wachsen lässt.*
- *Ich lese in den Gesichtszügen meiner Mitmenschen und entdecke ihre Einmaligkeit.*

Mit all dem und noch vielem mehr füllt der ewige und kreative Schöpfergott unser Leben prallvoll.

Wir werden aber auch sensibel für die Schmerzen und Nöte in dieser Welt. Menschen fallen uns auf, die sich sehnen und die süchtig sind. Sehn-süchtig. Und wir verstehen ihre unerfüllte Suche. Wir leiden mit und wünschen ihnen, dass sie irdische und ewige Heimat finden. Da und dort können und dürfen wir vielleicht helfen und mit anpacken, dass sie Hilfe finden. Das kann in einem bescheidenen oder einflussreichen, politischen Amt sein, in einer Bürgerinitiative, einer kirchlichen Dienstgruppe oder im Beruf. Immer aber dürfen wir Menschen die kleine Portion Wertschätzung entgegenbringen, derer wir genau so bedürfen wie sie.

Manchmal ist es ja nur ein Satz, ein Wort: *„Und nochmals danke für das Frühstück in deiner gemütlichen Küche!“* Manchmal es ist nur eine Stunde aufmerksamen Zuhörens. Manchmal ist es nur der kurze, freundliche Blick mit einem Lächeln in der Fußgängerzone.

Weitere Bücher für Frauen

Pam Vredevelt
Bittersüße Schätze Gottes
28 Geschichten der Hoffnung
ISBN 978-3-86122-887-5
208 Seiten, Paperback

Es kann ein Schatz verborgen liegen im Schmerz eines Verlustes, im Leiden an einer Tragödie oder im Schatten einer Krankheit. Das mag seltsam klingen, doch Pam Vredevelt weiß, worüber sie schreibt. Nathan, ihr Jüngster, leidet am Down-Syndrom. Sicher wäre ihr Gottvertrauen an diesem Felsen auf ihrem Lebensweg gescheitert, hätte sie nicht eine wichtige Entdeckung gemacht: Durch die Schlacke vieler verkohlter Schicksalsbrocken schimmert ein Goldschatz Gottes. Die kostbarsten Erfahrungen unseres Lebens hat Gott eingehüllt in große Probleme, und es lohnt sich, durchzustoßen bis zum Kern der Dinge – zur Liebe Gottes. Pam Vredevelts bewegende Erlebnisse mit ihrem behinderten Kind oder die faszinierenden Berichte anderer „Weggefährten" sind frisches Wasser für dürstende Seelen.

Pam Vredevelt
Loslassen und leben
In der Abhängigkeit von Gott Kraft empfangen
ISBN 978-3-86827-042-6
256 Seiten, Paperback

Ist es Ihr tiefster Wunsch, alles von Gott zu erwarten? Fällt es Ihnen schwer, die Kontrolle über Ihr Leben abzugeben? Erwischen Sie sich immer wieder dabei, an Vergangenem festzuhalten?
Ganz gleich, in welcher Situation Sie stecken, es gibt Wege, Ihren Schmerz, Ihren Kummer und Ihren Unmut loszuwerden.
Mit vielen Beispielen aus ihrer Therapiepraxis hilft uns Pam Vredevelt, erste Schritte in Richtung Hoffnung und Frieden zu gehen. Sie zeigt Wege zu einem Leben auf, das sich voller Vertrauen zu Gott ganz von ihm abhängig macht.

„Pams Buch spricht in das Leben der Menschen hinein. Mit Sensibilität und Verständnis spornt sie den Leser an, eine neue Richtung einzuschlagen. Sie bringt Hoffnung und Heilung dorthin, wo vorher Dunkelheit war.“

H. Norman Wright, Seelsorger

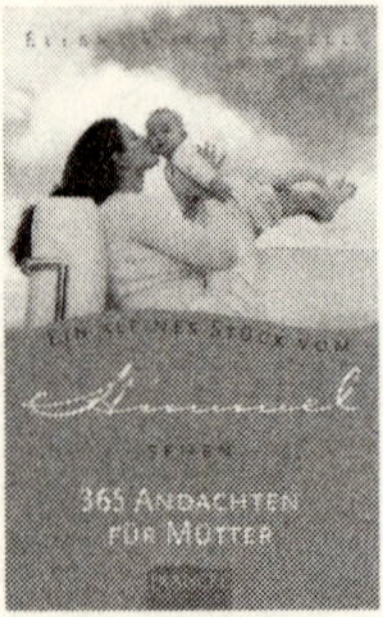

Ellen Banks Elwell
Ein kleines Stück vom Himmel sehen
365 Andachten für Mütter
ISBN 978-3-86122-886-8
384 Seiten, Paperback

Wenn die Kinder in der Schule sind, das Baby wieder eingenickt und der Haushalt fürs erste versorgt ist, kann für Sie als Mutter eine kostbare Zeit beginnen: Die Zeit mit Gott, die ihm die Möglichkeit gibt, an Ihrem Leben teil zu nehmen.

Mehr noch als tiefe theologische Erkenntnisse vermitteln die 365 Andachten dieses Buches Mut, Freude und weitreichende Perspektiven für Ihren Alltag in Ehe und Familie. Die unterschiedlichsten Themen mit geistlichem Bezug wechseln im wöchentlichen Rhythmus: Ob es um Gottvertrauen, Glaube und Hoffnung oder einfach nur ums alltägliche Essen und Trinken geht – Ellen Banks Elwell wird mit lebensnahen und authentischen Berichten das Bewusstsein in Ihnen wecken, mitten im Gewühl der Wochentage Gott an Ihrer Seite zu haben. Lassen Sie sich motivieren!